河出文庫

淀川長治映画ベスト100 &ベストテン

淀川長治

河出書房新社

淀川長治映画ベスト100&ベストテン◉目次

淀川長治映画ベスト100&ベストテン

淀川長治映画ベスト100（編・構成＝岡田喜一郎）

はじめに

　この本のもとになっているのは、『淀川長治映画ベスト1000』（河出書房新社刊）です。『淀川長治映画ベスト1000』は、八十九年間、映画一筋に生きてきた映画伝道師・淀川長治さんが見た映画の中から千本を選択。淀川さんの文章、コメントを編者が構成し、それに解説を加えたものです。

　今回、文庫化するにあたり、改めて読み直しましたが、いずれも名作揃い。その中から百本を選び出し、加筆することになりましたが、どんな作品を選んだらいいのか。はじめは百本ぐらい簡単だと高を括っていたのですが、あれもいい、これもいい。困ってしまい、夜中に淀川さんの夢まで見てしまう始末。

　そうだ！　淀川さんに相談しよう。そこで、〝交信〟を試みたのであります。

「先生。お元気ですか」

「ハイ。ここ二、三日、風邪気味なの」

「無理しないで下さいよ」

「大丈夫だよ。具合が悪くなったって、も

う死ぬ必要はないからね」

「………」

「それよりも、あの太ったTさん、元気でいるかい？」

「彼は別の映画会社に移って、相変わらず宣伝の仕事をしていますよ」

「そんなの止めて、早くこっちに来るように言ってねえ」

「えっ。まあ……」

「みんなでいらっしゃいよ。天国っていいところだよ」

（話が横道にそれて、危ない会話になったので中略）

「実は、あのシネマバイブルの中から百本選ぶことになったんですけれど、どうしましょうか」

「そんなバカなことはお止めなさいよ。わたしは映画に順番を決めるなんて、もともと好きじゃないの」

「それは判っていますけれど……」

「あんたとは長い付合いだった。わたしの好みぐらい知っているでしょう。任せるよ。（ちょっと間があって）でもね。わたしのことを忘れてくれなかったのが嬉しいねえ。ありがとう。ありがとう」

これで〝交信〟は終わりました。


そこで私は編者として、次のような選出基準をつくることにしました。
・まず、淀川好みの色が濃厚な作品であること。つまり、淀川さんと映画談義しているとき、いつも登場してくる映画と言ってもいいでしょう。
・次に淀川さんらしい見方が溢れている作品であること。これも折にふれて、へえー。こんな見方もあるんだと、驚いてしまった映画です。
・次の次は淀川さんの好きな監督の作品。
もともと、淀川さんは映画を見るとき、監督本位で、それを第一としていましたから。
・さらにもうひとつは、淀川さんしか知らない話や裏話のある作品。とにかく、一九一〇年代、二〇年代、三〇年代、数多くの映画をリアルタイムで見てきたわけですから、このあたりは独壇場です。

この四点を基にして、一〇年代から九〇年代順に作品を並べてみました。ところが面白いことに五〇年代の映画が多くなってしまいましたので、各年代別にある程度、平均して選ぶことにしました。

ですから、世間でいわゆる名作と思われている映画が入っていないかもしれませんが、そんな理由なので、あしからず。

「映画は頭で見たら、つまらないよ。感覚で見てほしいね」

と、常々言っていた淀川さんの映画の見方、楽しみ方を今度は文庫で味わっていただければ、編者としても幸いです。千本は無理かもしれませんが、この百本にはぜひチャレンジしてみて下さい。

この本の作成にあたって、データの再チェックなどをして下さった宮本敬子さん、企画に賛同して下さった淀川美代子さん、企画の仕掛人、河出書房新社の西口徹さんに心からお礼申しあげます。

二〇〇三年四月

岡田喜一郎

◉ DVD、ブルーレイ発売会社一覧（数字は100作品の映画の番号、＊はブルーレイ）

アイ・ヴィー・シー　1／2／3／4／5／6／8／9,9*／11／14／17*／20／24,24*／28／30／36,36*／37／52*
朝日新聞社　7
アネック　47,47*
ウォルト・ディズニー・ジャパン　27,27*／56*／59／61／69,69*／74*／91,91*／92*／93*／95*
エー・アール・シー　19／29
NBCユニバーサル・エンターテイメント・ジャパン　92,92*
KADOKAWA（角川書店）　7*／13*／21*／22／34*／37*／39*／50*／51*／53*／57*／63*／66／71,71*／76,76*／85,85*／87／90
カルチュア・パブリッシャーズ　32
紀伊國屋書店　12／43／44,44*／78／81,81*
ギャガ　75
キングレコード　54／84*／90*
コスミック出版　10
ジェネオン・ユニバーサル　25,25*／26／60,60*／73,73*／86／88,88*
ジュネス企画　31
ソニー・ピクチャーズ　16／48,48*／58*／62／74／87*／97,97*
竹書房　35
TCエンタテインメント　94,94*／98,98*
東宝　38／42,42*／96,96*
東北新社　52／84
20世紀フォックス・ホーム・エンターテイメント・ジャパン　49,49*／80／92／93
パイオニアLDC　13／21／39／63／82
ハピネット　75
パラマウントホームエンタテインメントジャパン　33*／46,46*／68,68*／83,83*
バンダイビジュアル　100,100*
ファーストトレーディング　15／17／23／25／27／33／40／41
ブエナビスタ　95
復刻シネマライブラリー　18,18*／40*
ポニーキャニオン　57／79,79*／80*／99,99*
メディアリンクス　89
ワーナー・ホーム・ビデオ　15,15*／19,19*／45,45*／56*／64／65,65*／67／70／72／77,77*

＊映画ベスト100の見方

・映画作品タイトルを製作年順に並べた。
・データの略称は以下の通り。
「64」などの数字＝製作年。
「米」など＝製作国。
製＝製作者名。
S＝サイレント。
白黒＝無表記はカラー作品。
監＝監督名。
脚＝脚本家名。
撮＝キャメラマン名。
音＝音楽監督名。
出＝主な出演者名。

1

イントレランス

Intolerance

D・W・グリフィス

16／米／S／白黒／162分／製・監・脚＝D・W・グリフィス／撮＝G・W・ビッツァー、他／出＝リリアン・ギッシュ、メエ・マーシュ、ミリアム・クーパー、コンスタンス・タルマッジ、ヘンリー・ウォルソール

解説　『国民の創生』『散り行く花』など名作を監督したD・W・グリフィスが壮大な構想のもとに製作した歴史的な作品。現代と過去の四つの時代を交錯させた脚本構成と演出は後の映画界に、大きな影響を与えた。バビロンの巨大なセットをはじめ当時考えられる映画技術をすべて駆使した傑作。出演者もリリアン・ギッシュなど多彩。

ハイ淀川です　グリフィスは、一年前に南北戦争を扱った『国民の創生』を撮りました。ところが黒人差別だということで上映禁止になったのね。さらに、イタリアの超大作『カビリア』にも刺激されて、この映画をつくりました。

「イントレランス」とは、許さぬこと。人間の狭い心、虚栄心、すべて人間の愛のない憎しみの心が、最後には悲劇を生むことを訴えているのね。グリフィスはキャメラという万年筆で小説を書いているみたいで、そのキャメラ効果は驚きですね。一本の映画が四編からなり、時には各編が入り組むといった脚本なんです。〝現代編〟は死刑執行が迫る無実の青年。それを救おうとする妻の乗った自動車と列車の走りのすごいこと。〝バビロン編〟では、目もくらむ巨大な宮殿の広場をはるか上空から撮影し、次々にキャメラは地上に下りてくる。宮殿のはるかなる城の上を馬車が走り、見上げる何百人もの人の群れ。バビロン襲来の戦車の狂走。それをキャメラが横から猛スピードで移動撮影していくあたり。あの『駅馬車』に迫る効果を早くも出していたのね。まさにアメリカのモダン美術の感覚で撮った傑作です。

　グリフィスは当時、小説や舞台劇で表現できないものをキャメラを効果的に使って、活動写真も芸術なのだということを示したんですね。まさにこの人は〝映画の父〟ですね。


キャメラという万年筆で描いた、〝映画の父〟グリフィスの傑作。

散り行く花

Broken Blossoms

2

D・W・グリフィス

19／米／S／白黒／60分／製・監・脚＝D・W・グリフィス／撮＝G・W・ビッツァー、カール・ブラウン／音＝ハーバート・ストサート／出＝リリアン・ギッシュ、ドナルド・クリスプ、リチャード・バーセルメス、アーサー・ハワード、エドワード・ペール

解説　D・W・グリフィスに認められた可憐女優リリアン・ギッシュはこの一作で全世界の涙をしぼり不動のスターとなった。ロンドンのライムハウスに住む十三歳のルーシーは母の死後、ボクサー崩れの義父の暴力に耐えながら生きている。そんなとき、ルーシーは僧の修行をつんだ心優しい中国青年のチェン・ハンと知り合う。

ハイ淀川です　ルーシーは、中国青年が優しくしてくれるので、一晩彼の家で過ごしました。それがこのお父っつあんにばれてしまった。

「おまえはどこに泊まったんだ。どんな罪を犯したかわかるか！」

娘は恐怖のあまり戸棚に飛び込み、中から鍵をかけました。震えている。震えている。お父っつあんは、斧で戸棚を壊し始めました。逃げ場がないから娘は小さな箱の中でぐるぐる回りだした。キャメラが暗い灰色の中の彼女の顔をとらえる。もう汗だらけの顔。パッと明るくなった。それは扉が破れたからなのね。このシーンの怖かったこと。サイレント映画なのに、斧のガーンガーンという音。ルーシーの悲鳴が聞こえてくるような気がしました。娘は引っ張り出され、お父っつあんに殴られ、床に投げつけられました。十三歳のルーシー。かすかに笑ってこときれた。そのとき、銃声が二発。お父っつあんが倒れたとき、中国の青年が拳銃を持って立っていました。この映画の最後に、

「東は東、西は西というけれど、愛に国境はない。愛こそ最高のものである」

というタイトルが出ます。愛こそ人生の美しいものと唱えてきたグリフィスの映画感覚が溢れた名作です。死んだリリアン・ギッシュの顔も手も、私の胸に焼きついています。涙が止まらなかった。十三歳の私が初めて声を出して泣いた映画です。

十三歳の私が初めて声を出して泣いたグリフィスの傑作。

キッド
The Kid

3

チャールズ・チャップリン

21／米／S／白黒／55分／製・監・脚＝チャールズ・チャップリン／撮＝ローランド・トザロー／出＝チャールズ・チャップリン、エドナ・パーヴィアンス、ジャッキー・クーガン

解説　チャップリン初の長編喜劇。ロンドンの下町、男に捨てられた若い娘（エドナ・パーヴィアンス）は赤ん坊を車の中に置き去りにするが、浮浪者のチャップリンがその子を拾い育てる。五年後、成長した子供キッド（ジャッキー・クーガン）はチャップリンを助けインチキ商売に精を出す。そこへ今や人気オペラ歌手の生母が…。

ハイ淀川です　この映画は、(彼女の罪は母であることでした)という字幕が出て始まりますね。若い貧しい女が赤ん坊を抱いて、ロンドンの慈善病院からうつむいて出てくる。看護婦がバカな女だなあという顔をしている。一方、若い画家が彼女の写真をストーブに投げ捨てるシーン。これでこの女が捨てられたことがわかるこの出だしの巧いこと。人間の運命を見せます。

チャップリンはそんな捨てられた赤ん坊を拾って育てました。すっかり成長したジャッキー・クーガンがパンケーキを焼いて朝食の支度。チャップリンがそのパンケーキをよく数えて皿に分けるあたり。さあ、食べよう。

チャップリンはこのシーンの撮影に二週間もかけたんです。クーガンが飢えて喜んでパンにありつく表情がなかなか出ないのね。このあたり、チャップリンが〝食べること〟への執念、真剣さをいかに大切にしていたかがわかりますね。

この作品の面白さは、二人が一緒に組んで働くところ、チャップリンが子供を夜通し捜し疲れきって眠りこけてからの夢のシーンなど、きりがありません。愛すること、働くこと、食べることとの大切さを私たちに教えてくれた愛の名作です。チャップリンの、初めての全六巻。長編をつくって、ほんとうの人生のドラマをつくるようになりましたねえ。

愛すること、働くこと、食べることを教えてくれた愛の名作。

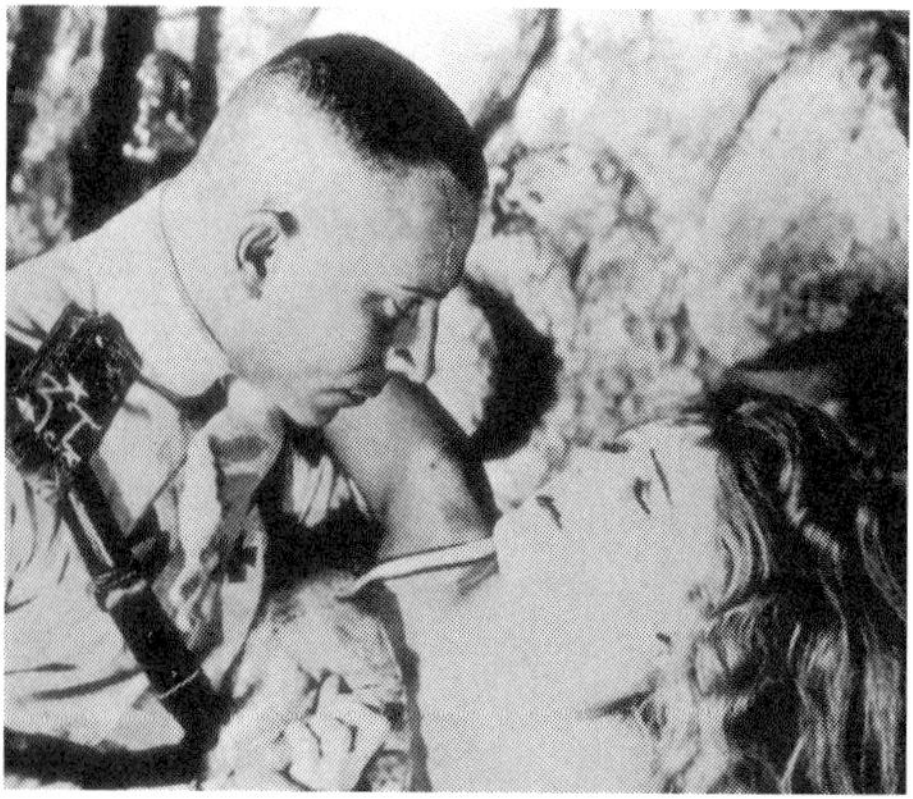

愚《おろか》なる妻

Foolish Wives

4

エーリッヒ・フォン・シュトロハイム

22／米／S／白黒／110分／監・脚＝エーリッヒ・フォン・シュトロハイム／撮＝ベン・F・レイノルズ／出＝デュ・ポン、ルドルフ・クリスティアンズ、デイル・フラー、エーリッヒ・フォン・シュトロハイム

解説　完全主義者エーリッヒ・フォン・シュトロハイム監督の快作。ニセ伯爵カラムジン（シュトロハイム）はモンテカルロの豪華なホテルに二人の情婦と滞在し、そこに集まる富豪夫人を誘惑して金品を巻き上げているが、魔の手はアメリカの親善大使夫人（デュ・ポン）に向けられる。モンテカルロの街は本物そっくりのセット。

ハイ淀川です　アメリカ映画は、グリフィスの芸術とセシル・B・デミルの娯楽があって、もう一人、忘れてならない人がシュトロハイムですね。グロテスク、サディズムの芸術の偉大な作家。この人を知らないと映画ファンだなんて絶対に言えませんよ。

カラムジン伯爵がヒューズ夫人を誘惑して散歩していると、夕立にあって小屋に飛び込んだ。女が衣服を脱いでテーブルクロスで体をふく。カラムジンはあらぬ方向を向いていたけれど、銀のシガレットケースを出してタバコを吸う。ところがそのシガレットケースの蓋の裏が鏡になっていて、夫人の裸身を楽しむ。このシーンの怖いこと。伯爵の部屋付きの召使いが自分に惚れていることがわかると、朝食のフィンガーボールの中の水の中に指先をつけ、その手を額に当てる。すると水滴が一滴二滴落ちて涙に見える。こんな場面を見せて、召使いを操ってお金も肉体も奪ってしまうのね。伯爵とヒューズ夫人の密会。この召使いは、ドアの鍵穴から覗きます。もう嫉妬と怒りで身を震わせます。指の爪を噛む女のアップのすごいこと。この映画、どの場面も怖い。なんとも知れん汚い男たちと女たちのリアリズムの描写は見事ですね。

シュトロハイムは、製作費をかけすぎるというので、ユニヴァーサル映画から追放されましたが、この映画は各国で大ヒットした。私の大好きな名作です。

シュトロハイムを知らないと映画通とはいえませんよ。

十誡

The Ten Commandments

セシル・B・デミル

23／米／S／白黒／134分／製・監＝セシル・B・デミル／脚＝ジェニー・マクファーソン／撮＝J・ペパレル・マーレイ、他／音＝ヒューゴー・リーゼンフェルド／出＝チャールズ・デ・ロッシュ、エディス・チャップマン、リチャード・ディックス、ロド・ラクー、ニタ・ナルディ

解説　スペクタクル映画の巨匠セシル・B・デミル監督の作品。二つの物語で構成され古代編は「旧約聖書」。モーゼはイスラエル軍を率いてエジプトを脱出。神に祈って紅海を二つに裂きエジプト軍を全滅させる。現代編はこの聖書の物語を母から聞かされた正直な兄と利己主義な弟のドラマでモーゼの教えを説いている。

5

ハイ淀川です　紅海が真二つに裂けるあたりはすごいですけど、実はモーゼの古代編は前座で、現代編がトリなんですね。「汝、だます勿れ」という場面が出て、現代ではどうなっているんだろうということになるのね。兄さん（リチャード・ディックス）は親孝行の建築家。弟（ロド・ラクー）は利己主義の不良。羽振りのいい建築請負業者で、お兄ちゃんを現場監督に使って、教会を建てた。ところが突如、大音響とともに壁が崩れ落ちた。サイレント映画なのに音が聞こえるようでしたね。たまたまそこにいた兄弟のお母さんが下敷きになって死んでしまう。実は弟が悪い奴で粗悪なセメントを使っていたからなのね。さあ、それからどうなっていくのか。デミル監督は「十誡」、つまり、十の戒めを現代社会の中の戒めとして描いているあたりが面白いんですね。

デミルは一九五六年にまた映画化しました。チャールトン・ヘストンとユル・ブリンナーの共演。この映画はごらんになった方が大勢いるでしょう。デミルの七十本目の作品でこれが遺作となりました。とにかく、二本とも大作で大当たりしました。デミルは七十七歳で生涯を終えましたが、まさに娯楽映画の巨匠。『男性と女性』『愚者の楽園』『征服されざる人々』『地上最大のショウ』など、豪華絢爛たる作品で、特に女性を喜ばせる映画づくりの名人でしたね。

娯楽映画の巨匠、セシル・B・デミルの大作。

ロイドの要心無用

Safety Last

6

サム・テイラー、フレッド・ニューメイヤー

23／米／S／白黒／60分／製＝ハル・ローチ／監＝サム・テイラー、フレッド・ニューメイヤー／脚＝ティム・ホーラン／撮＝ウォルター・ランディン／出＝ハロルド・ロイド、ミルドレッド・デイヴィス、ノア・ヤング、ビル・ストローザー

解説　まさに巻頭から巻末までギャグ満載のロイド喜劇の代表作。デパートが宣伝のためビルの一階から屋上まで群衆の前で壁登りの名人が登る企画を立てる。ところがその当日、名人は喧嘩騒ぎで警官に目を付けられ、現場から逃げてしまう。そこでロイドは仕方なくひとりで屋上まで登るはめになるというハラハラドキドキの全七巻。

ハイ淀川です　ロイドの眼鏡は、チャップリンを見て、自分も何かチャップリンの髭のようなものはないかと思って、当時、流行のセルロイドの眼鏡のふちを見つけ、トレードマークにしたんですね。都会ッ子で、いつも美女に憧れるシャイな青年の役が多いのね。このあたりはキートンとよく似ています。

この作品は、目で見るギャグの連続。自動車、電車がどんどん出てきて、現代の風俗を生かした都会喜劇ですね。ロイドが百貨店の二階、三階、四階の壁面を命がけで登っていく。大時計の蓋が開いてしまってぶら下がるあたり。スリル、スリル、スリル。ハラハラドキドキの連続ですよ。どんなことだって頑張ればできるんだ！　やったらやれるんだ。私は子供のころ、ロイド映画を見て、どんなに勇気づけられたことか。ロイド喜劇の生命は、かつての涙ぐましいアメリカ精神に加えて品のよさです。

私はロイドが日本に来たとき、帝国ホテルで会いました。右の指が二本、指先からないので、びっくりしました。ご本人は撮影の爆破シーンで指を失いました、とケロッとして話してくれましたが、命がけでロイド喜劇をつくっていたんですね。映画の中のロイド喜劇と重なってしまい、私は思わず彼の腕を摑んでサインをもらってしまいました。

というわけで、『猛進ロイド』も『豪勇ロイド』も面白いですよ。

ハラハラ、ドキドキ、スリルいっぱいのロイド喜劇の傑作。

黄金狂時代

The Gold Rush

7

チャールズ・チャップリン

25／米／S／白黒／72分／製・監・脚＝チャールズ・チャップリン／撮＝ローランド・トザロー／音＝チャールズ・チャップリン／出＝チャールズ・チャップリン、ジョージア・ヘイル、マック・スウェイン、トム・マレー、マルコム・ウエイト

解説　チャップリンが人気絶頂の中で撮った作品。このとき三十六歳。ゴールドラッシュにわくアラスカを舞台に放浪者チャーリーの一攫千金の夢と恋物語。チャップリンは友人のダグラス・フェアバンクスからアラスカ金鉱のドキュメンタリー・スライドを見せられそれがヒントになった。

ハイ淀川です　私の生涯のベストワンを選べと言われたら、この『黄金狂時代』ですね。これは残酷と貪欲と愛の悲しさを描いた人間ドラマの名作の中の名作。ゴールドラッシュを描くのではなく、人間の運命、飢えの恐怖、愛の美しさを凄まじいほど見せました。チャップリンがリュックサックをしょって雪の中、崖のところを通っている。下は断崖絶壁。後ろから大きな熊が跡をつけてきた。怖いなあ。チャップリンは全然知らない。ガブッと噛まれたら死んじゃう。ところがあるところで熊は横にそれちゃった。チャップリンは歩いている。このファーストシーンで運命の皮肉を見せましたね。

この作品の二つのポイントは、靴を食べるところと、ロールパンのダンスですね。その巧いこと。至芸とはまさにこれ！　ロールパンのダンスは愛の勝利への第一幕ですね。飢えは、チャップリン映画の笑いの種（シード）でしたが、靴を食べるほどの飢えはなかった。自分のトレードマークを食べちゃった。捨て身の食事だ。大男が飢えの狂気でチャップリンがニワトリに見えてくる。そのチャップリンのニワトリのおかしさ。

私はこれを見たとき、チャップリンは、もう映画を撮るのをやめたのかと思うほど怖かった。飢餓のこんな残酷な恐怖は初めてでしたが、その陰惨な地獄図をチャップリンは笑いの中で見せました。

私の生涯のベストワン。チャップリンの名作の中の名作。

8

キートンのセブン・チャンス

Seven Chances

バスター・キートン

25／米／S／白黒／58分／製＝ジョセフ・M・シェンクロ／監＝バスター・キートン／脚＝ジーン・ハーヴェッツ、他／撮＝エルジン・レスリー、バイロン・フック／出＝バスター・キートン、ルース・ドワイヤー、ロイ・バーンズ、ジーン・アーサー、スニッツ・エドワーズ

解説　『キートンの栃麺棒』といった作品。金融ブローカーのキートンは仕事に失敗し破産寸前。そこに祖父の遺言状が届き七百万ドル相続できることになった。しかし、二十七歳の誕生日午後七時までに結婚すればという条件付き。金が欲しいキートンは新聞に「花嫁募集」の広告を出したら、何百人もの女性が殺到してしまった。

ハイ淀川です　バスター・キートン。この人はチャップリン、ロイドと並んでサイレント時代の喜劇の花形でしたねえ。映画の中で、絶対に笑わないの。それがトレードマークなのね。背は低いし、なにをやっても要領が悪い。人間のコンプレックスの代表がキートンの役どころなんですね。

ところがこの作品、花嫁志願の女たちに追われて追われて逃げまくる映画なんです。えっ？　そんな馬鹿な。あんなに不細工で劣等感の塊りみたいなキートンがと思われるでしょうが、そこがキートンのアイデア、狙いですね。もう、生まれてからこんな何百人の女たちに追いかけられることは二度とあるまいというコメディをつくったのね。山の裾野を逃げていると、上から大きな岩石がどんどん落ちてくる。その中を女たちに追われるキートンが逃げていくあたり。風刺がきいた見事なシーンですね。キートンはどんな危険なシーンも、スタントマンは使わないで、自分で演じたんですね。

というわけで、キートン映画はどれもこれも面白い。でも、この『セブン・チャンス』『キートンの恋愛三代記』『キートンの探偵学入門』が傑作ですね。遊びの精神がたまらないんですね。どの映画にもギャグ、ギャグ、ギャグがいっぱい。キートンはアメリカよりもフランスタッチ。この粋な感覚を見て楽しんで下さい。

絶対に笑わない男バスター・キートンの傑作喜劇。

9 戦艦ポチョムキン

Bronenosets Potyomkin

セルゲイ・エイゼンシュテイン

25／ソ連／S／白黒／74分／監・脚＝セルゲイ・エイゼンシュテイン／撮＝エドゥアルド・ティッセ／音＝ウラディミール・クリュコフ／出＝アレキサンドル・アントノーフ、グレゴリー・アレクサンドロフ、ウラジミール・バルスキー、セルゲイ・エイゼンシュテイン

解説　セルゲイ・エイゼンシュテイン監督はこの作品でモンタージュ技法の理論を確立し一躍世界最高の映画作家になった。一九〇五年の夏、ロシア艦隊の巡洋艦ポチョムキンで、日ごろ不当な扱いを受けていた水兵たちが戦艦を占拠。オデッサ港に市民が続々と結集するが、そこにコザックの軍隊が行進してくる。オデッサ階段の虐殺シーンは有名。

ハイ淀川です　映画史上で、ほんとうに好きな作品は何かと聞かれれば、一本はチャップリンの『黄金狂時代』。もう一本はこの作品です。どうして好きなのか。

それは映画のモンタージュを初めて生んだ記念すべき作品だからなのね。まさに映画美の表現方法が、どの場面にもどの場面にも溢れているんですね。水兵のスープの中に、うじ虫が入っていた。そのキャメラの目による感覚表現。オデッサの港にコザック兵がやってくる。このときの大騒ぎ。群衆が逃げて逃げて、石の階段をサッと降りていくところ。乳母車に赤ちゃんが乗ったまま滑り落ちていく。その感覚の鋭さに目を見張らずにいられません。これは、キャメラ万年筆の、そのインクが飛び散るばかりの怒りの名文ですね。

エイゼンシュテインは、この『戦艦ポチョムキン』だけではありませんよ。『ストライキ』は、キャメラのミュージカルです。ワンシーン、ワンシーンが美術写真で、映画の流れの美しさに目を奪われるでしょう。『イワン雷帝』も、まさにロシア美術。登場人物それぞれの衣裳のすごいこと。キャメラが光と影の〝クラシック〟をとらえます。その力強い演出に圧倒されるでしょう。というわけで、新しい映画もいいでしょうけれど、エイゼンシュテインの映画美術の見事も勉強して下さいね。

映画のモンタージュを初めて生んだ記念作。

メトロポリス
Metropolis

10

フリッツ・ラング

26／独／S／白黒／83分／製＝エリッヒ・ポマー／監・脚＝フリッツ・ラング／脚＝テア・フォン・ハルボウ／撮＝カール・フロイント／出＝ブリギッテ・ヘルム、グスタフ・フレーリッヒ、アルフレート・アーベル、フリッツ・ラスプ、ルドルフ・クライン・ロッゲ

解説　フリッツ・ラングがドイツ映画美術を見事に見せた。仮想未来都市メトロポリス。地上は資本家の楽園、地下の大工場では労働者が重労働にあえぐ。この労働者を抑圧するために資本家は人造人間をつくり地下に送りこむが…。群衆の動き、パントマイム演技の面白さ。原案・脚本のティア・フォン・ハルボウはラング監督夫人。

ハイ淀川です　この工場のセットの見事なこと。煙が出たり蒸気が出たり機械の動きの面白いこと。群衆が右に左に走る。ドイツの前衛モダン・ダンスのような動き。まるでミュージカルですね。レヴューだね。

　地上の資本家は、妙な博士に女性の人造人間をつくらせた。その人造人間が誕生するシーンがすごいねえ。光ったガラスの扉が開くあたり。ドイツの美術ですね。今のSFに負けてなんかいない。サイレントの黄金期にドイツはこんな美術をつくり上げていたのかと思うとびっくりですね。人造人間とマリアの二役を演じているブリギッテ・ヘルム。そのジェスチャーにびっくりされるでしょう。目を見張って両手を広げて、身をくねらせたり、泣き伏したり、これはサイレントの演技ですね。のちにビリー・ワイルダー監督は『サンセット大通り』で、グロリア・スワンソンにこのサイレントの演技をさせましたよ。

　というわけで、ドイツ映画はモダン・アートで世界を征服しました。日本でも昭和の初め、ドイツ美術に塗りつぶされたんですよ。あのヒトラーは、この映画を見て、ラングを手もとに招こうとしましたが、ラングはフランスに逃げたんです。まさにこれはラングの代表傑作。貴重なドイツ映画です。この監督の『M』も犯罪恐怖映画。こちらも見てほしい作品ですよ。

サイレント期のドイツ美術の精華。フリッツ・ラングの前衛SF。

嘆きの天使

Der Blaue Engel

11

ジョゼフ・フォン・スタンバーグ

30／独／白黒／107分／製＝エリッヒ・ポマー／監＝ジョゼフ・フォン・スタンバーグ／脚＝ロバート・リーヴマン／撮＝ギュンター・リッタウ／音＝フリードリッヒ・ホレンダー／出＝マレーネ・ディートリッヒ、エミール・ヤニングス、クルト・ゲロン、ハンス・アルベルス、ローザ・ヴァレッティ

解説　無名の踊り子だったマレーネ・ディートリッヒがジョゼフ・フォン・スタンバーグ監督に抜擢され、この一作で一躍スターの座を掴んだ。ドイツの港町ハンブルク、中年を過ぎた独身の高校教師ラートは、キャバレーの踊り子ローラに惚れてしまい学校も辞め求婚。旅回りの一座に身を任せるが…。ディートリッヒの脚線美が話題となった作品。

ハイ淀川です　エミール・ヤニングスの先生は、ローラという女優のいる安キャバレーに出かけて行きました。その舞台の上で、ローラは大胆に足を広げて、椅子にまたがって、太ももの上まで見せて歌います。「フォーリーング・イン・ラブ・アゲイン」。その歌の素晴らしいこと。粋なこと。足がきれくってきれくって。これがディートリッヒのトレードマークになったのね。「百万ドルの脚」と言われたんですね。

その先生はローラに夢中になってついていく。四十男で堅物で女を知らない先生が、どんどん引きずられていく。もう、ローラの奴隷のようになっていくあたり。怖いですね。女は魔もの。あなた、気をつけなさいよ。えっ。そんな心配はいらないですって。それなら安心ですけれど、この作品は男の痛ましさと哀しさ、女の美しさと残酷さが見事に出た作品です。この一作でディートリッヒは、一躍有名になりました。彼女の記念すべき代表作ですね。この作品の撮影中にパラマウントの重役さんがやってきて、彼女をいっぺんに気に入ってしまい、今度はアメリカで撮ることになった。スタンバーグもアメリカに渡って、ディートリッヒとゲーリー・クーパーを共演させました。それが『モロッコ』でしたねえ。ディートリッヒはアメリカの化粧に変えて、男のタキシード姿でシルクハットをかぶって歌いました。その粋なこと。この作品もよかった。

男の痛ましさと哀しさ、女の美しさと残酷さ。ディートリッヒの「百万ドルの脚」。

自由を我等に

A Nous La Libert

12

ルネ・クレール

31／仏／S／白黒／84分／製＝フランク・クリフォード／監・脚＝ルネ・クレール／撮＝ジョルジュ・ペリナール／音＝ジョルジュ・オーリック／出＝レイモン・コルディ、アンリ・マルシャン、ロルラ・フランス、ポール・オリヴィエ、ジャック・シェリー

解説　ルネ・クレールのミュージカル・タッチの風刺喜劇。ルイとエミールは脱獄を計るがあと一歩のところで発見され、ルイ一人だけが脱走に成功する。娑婆に出たルイは商才を発揮しレコード会社の社長にまで出世。一方、刑期を終えたエミールは工員になるがそこの社長がなんとルイ。二人は再会を喜び合うが…。

ハイ淀川です　ルネ・クレールは、生粋のパリっ子ですね。だからハイカラです。あの小津安二郎は東京の人ですから、ほんとうの日本映画をつくったように、ルネ・クレールにはパリの匂いがあります。フランスの魂があるのね。さあ、この映画、ファンタスティックというのか、オペレッタの匂いがあります。そこがいいです。

工場の、ベルトコンベアの流れ作業のシーンが面白いなあ。ところが五年後にチャップリンが『モダン・タイムス』で、そっくりそのまま使いました。クレールの盗作だと騒がれたとき、クレールは、

「私はいつもチャップリンの盗作をやっています。この映画の二人の男もチャップリンです。チャップリンこそ私の師です」

と発表したんです。なんとエレガントな答えでしょう。やっぱり、粋だね。

そのラストシーンの見事だったこと。一緒に旅に出た、はるかに続く田舎の一本道。ルイとエミールが、まるで踊るように「自由を我等に」を歌います。どんなにお金をお持ちになっても、何よりも欲しいものは自由だ。金なんかなくっても自由があればいい。青い空を見てごらん。あの鳥を見てごらん。みんな自由だ、といって遠く去っていくこのシーン。なんていいんでしょう。ルネ・クレールの、風刺のきいた見事な名作です。

『モダン・タイムス』は盗作か？　風刺のきいたルネ・クレールの名作。

街の灯
City Lights

チャールズ・チャップリン

31／米／サウンド版／白黒／87分／製・監・脚・音＝チャールズ・チャップリン／撮＝ローランド・トザロー、他／音＝アルフレッド・ニューマン／出＝チャールズ・チャップリン、ヴァージニア・チェリル、フローレンス・リー、ハリー・マイヤーズ、アラン・ガルシア

解説　トーキー嫌いのチャップリン。この作品でも台詞は入れず、当時流行した〝ラビオレテラ〟のメロディを効果的に使った。浮浪者チャーリーは街角で盲目の花売り娘（ヴァージニア・チェリル）と出会い、それ以来、チャーリーは彼女に恋してしまう。そして彼女の目をなんとか治してあげようと心に誓い、職を求めて街を歩く。

13

ハイ淀川です　チャップリンの映画の中で、愛というものがいちばん見事なのはこの『街の灯』でした。この映画でチャップリンは母なんですね。チャップリンの母自身をモデルにしているんです。この目の見えない娘の母の役をやっているんです。

チャップリンは、目の見えないあの花売り娘を一生懸命になって、身を砕いて粉にして助けて目を開くようにしたんですね。道路の掃除夫をやったり、できない拳闘をやったり。でもかわいそうに泥棒と間違えられて、牢獄に放り込まれました。それから何年たったでしょう。牢獄から外に出てきたときのチャップリンのしおれた姿。

このラストシーン。娘は小銭と花束を出して、「あんた。これあげましょう」といったら、チャップリンは逃げようとしました。恥ずかしいから。娘は外に出てきてチャップリンの手を握ったとき、「あなた、あなたなのね」

チャップリンはなにも言わないで、首を縦に振りました。娘は、

「ハイ。私は目が見えるようになりました」

という胸に沁みる幕切れの見事なこと。愛がこんな形で見事な大団円をとった作品も珍しい。チャップリンの映画美術の最高。このラストのチャップリンの愛の締めくくりは、映画史上に永遠に残りますね。

チャップリンの愛の締めくくりのラストシーンは、永遠に残りますね。

雨

The Rain

14

ルイス・マイルストン

32／米／白黒／77分／製・監＝ルイス・マイルストン／脚＝マックスウェル・アンダーソン／撮＝オリヴァー・T・マーシュ／音＝アルフレッド・ニューマン／出＝ジョン・クロフォード、ウォルター・ヒューストン、ウィリアム・ガーガン、ガイ・キビー、ウォルター・キャトレット

解説　原作はサマセット・モームの小説。南海の孤島ツツイラ島の一軒宿、南の島をわたり歩く娼婦サディ・トンプソン（ジョン・クロフォード）は同宿の牧師（ウォルター・ヒューストン）から神の道を説かれるが鼻であしらう。しかし、牧師の熱狂的な説教でやさしい女になっていくが、土砂降りの夜、牧師は彼女の寝姿を見て獣と化した。

ハイ淀川です　牧師さんがバイブルを読んでいるうちにキャメラは、彼女の首筋にいくのね。キャメラは牧師の目になっている。次の朝、島の岩に牧師の靴が脱いであった。この牧師さんは自殺しちゃったんですね。どうしてこうなったのか。牧師さんはこの女をやさしくやさしく説教して、いたわっているうちに欲情して女を犯しちゃったんですね。そして最後、この女は化粧も落として素直な女になっていたのに、再び、真っ赤な口紅を引いた毒々しい女になって現われ、「男って、みんな豚ヤローだ‼」

と言って終わる。男なんて牧師だろうがヤクザだろうがみんな同じだというあたりのすごさ。なんとも知れん怖いお話ですね。

この映画の見どころは、ジョン・クロフォードの名演技ですよ。『グランド・ホテル』で、共演したグレタ・ガルボに馬鹿にされて怒っちゃった。それで彼女はハリウッドの第一級プロデューサーのサミュエル・ゴールドウィンに泣きついて、生涯最高の作品に出演させてほしいと頼んだんです。そこでゴールドウィンは主役のサディ・トンプソンの役を与えました。クロフォードは見事にやりとげましたねえ。どぎつい化粧で、なんとも知れん流れ者のあばずれ女を命がけの体当たりの演技で見せました。彼女の代表作であるとともに、この映画はまさに名作ですよ。

男って、みんな豚ヤローだ‼　ジョン・クロフォードの名演技。

グランド・ホテル

Grand Hotel

エドマンド・グールディング

32／米／白黒／113分／製＝アーヴィング・G・サルバーグ／監＝エドマンド・グールディング／脚＝ヴィッキ・バウム／撮＝ウィリアム・H・ダニエルズ／出＝グレタ・ガルボ、ジョン・クロフォード、ジョン・バリモア、ライオネル・バリモア、ウォーレス・ビアリー

解説　ベルリンの一流ホテルに集まった人間の交錯を描いた作品。人気が落ち自殺を考えているバレリーナのクルージンスカヤと男爵の宝石泥棒との恋、会社が不況の重役と彼が雇った女性速記者、妻を裏切った会計係など、さまざまな人間の悲喜劇が展開される。作劇法のグランド・ホテル形式はこの映画から生まれた。アカデミー作品賞。

15

ハイ淀川です　これは映画史上に残る名作ですよ。MGMの女王、グレタ・ガルボとジョン・クロフォードを共演させたんですね。まさに夢の競演。世界中がびっくりしたんですよ。ガルボの役はバレリーナ。部屋に忍び込んできた宝石泥棒に恋しちゃう。衣裳もきれい。華やかな役なのね。一方のクロフォードはお妾さんの役。どちらかと言えば地味な役なんですね。

ところが、撮影初日、エラいことが起こってしまったんです。ホテルのセットが出来上がって、ガルボが一段高いところに立っていたの。そこにクロフォードが入ってきて、ガルボのところに行って、「お早ようございます」と言ったら、ガルボは上から見下ろして、「ご苦労さん」と言ったのね。もうクロフォードは、かんかんに怒っちゃった。「私だって主役よ。何がご苦労さんなの。絶対にこんな映画になんか出ません」と言って、大騒ぎになったんですね。それでこの作品をごらんになればわかりますけれど、二人が一緒の画面に出ているところがないんです。まあ、こんな裏話もありましたけれど、一流ホテルを舞台にした人間模様が面白いのね。宝石泥棒を演じたジョン・バリモア、それにウォーレス・ビアリー、ライオネル・バリモアなど当時の第一級スターの共演も見どころですよ。

MGMの女王グレタ・ガルボとジョン・クロフォードが大喧嘩した名作。

16

或る夜の出来事
It Happened One Night

フランク・キャプラ

34／米／白黒／105分／製＝ハリー・コーン／製・監＝フランク・キャプラ／脚＝ロバート・リスキン／撮＝ジョゼフ・ウォーカー／音＝ルイス・シルヴァース／出＝クラーク・ゲーブル、クローデット・コルベール、ウォルター・コノリー、ロスコー・カーンズ、アラン・ヘイル

解説　アカデミー作品賞など六部門受賞したフランク・キャプラの名作。大銀行家の一人娘（クローデット・コルベール）は父親に無断でパイロットと婚約。父の怒りから逃れ、彼に会いたい一心で長距離バスに乗りこむが車中で失業中の新聞記者（クラーク・ゲーブル）と知り合い、身分の差を超え恋が芽生えていく。

ハイ淀川です　まさに、これはアメリカ独特の明朗コメディ。キャプラ・タッチを見てほしいのね。

たとえば、ヒッチハイクで、コルベールがスカートをチラッとつまみ上げて車を止めてしまうシーンの面白さ。二人がだんだん仲よくなってきて道中で、あるモーテルに泊まることになった。でも一部屋しかないので同じ部屋になった。仕方がない。そこでゲーブルは、部屋の真ん中にロープを張って、そこに毛布をかけて壁を作ったのね。「ジェリコの壁」ですね。二人はそれを境にして絶対にどっちのベッドにも行かないことにして寝たんだけれど、途中で毛布がとれてしまうというオチもあって、なかなか面白いのね。そして最後の最後、ゲーブルがコルベールをかっさらっていくあたり。あの『卒業』のラストシーンと同じですね。コルベールは若くって可愛らしい。それよりもゲーブルがいいねえ。この人、これまではギャング映画ばかりだった。それがこの映画ではガラリとイメージを変えて、明るくって男の色気のある役をやりました。まさに天下一品ですね。

というわけで、キャプラはこの作品で一躍名を上げました。『オペラハット』『スミス都へ行く』『群衆』『素晴らしき哉、人生!』。どの作品もアメリカの精神、正義感を明るく見せたキャプラ・タッチ。その原点がこの名作でしたね。

アメリカの精神、正義感を見せたキャプラ・タッチの傑作。

大いなる幻影
La Grande Illusion

ジャン・ルノワール

37／仏／白黒／114分／製＝アルベルト・ピンゴヴィッチ、他／監・脚＝ジャン・ルノワール／脚＝シャルル・スパーク／撮＝クリスチャン・マトラ／音＝ジョゼフ・コスマ／出＝ジャン・ギャバン、ピエール・フレネー、エーリッヒ・フォン・シュトロハイム、ディタ・パルロ、ジュリアン・カレット

解説　ジャン・ルノワール監督を世界的に有名にした作品。第一次大戦中、フランスの飛行士と貴族の大尉は敵情視察中にドイツ貴族の飛行士に射ち落され捕虜となり収容所から収容所に移されたが、たまたま収容所長となったドイツ貴族と再会する。やがてフランスの飛行士は仲間と脱走し、あるドイツの農家の妻にかくまわれる。

17

ハイ淀川です　ジャン・ルノワール。この人はパリのモンマルトル生まれの育ち。お父さんがあの有名な印象派画家のオーギュスト・ルノワールです。だから、美術感覚、ぜいたくさを生まれながらに持っている人ですね。

さあ、この映画、そのジャン・ルノワールの出世作。これでいっぺんに有名になりました。フランスの飛行士がジャン・ギャバン。貴族の大尉がピエール・フレネー。フランスの舞台の俳優です。それにドイツの収容所長がエーリッヒ・フォン・シュトロハイム。『愚なる妻』ではニセ伯爵をやりました。『サンセット大通り』では召使いをやりました。映画史上に輝く名優であり名監督。この豪華な顔ぶれが、この映画の見ものです。

農婦の奥さんがディタ・パルロですが、ギャバンとの間に、ほのかな愛が芽生えていくあたりがなんともいいんですね。そして、逃げていくときに、ギャバンは、

「俺は平和になったら、必ずここに戻ってくるよ」

と言いますね。ところが相棒が、

「それは大いなる幻影だよ。人間なんて、戦争をしないで、いられるものか」

と言いますが、その言葉の厳しかったこと。怖かったこと。これはなんとも知れん人間愛に溢れた名作。私はこの作品で、ジャン・ルノワールが好きになりました。

なんとも知れん人間愛に溢れた、ジャン・ルノワールの出世作。

駅馬車
Stagecoach

ジョン・フォード

39／米／白黒／99分／製＝ウォルター・ウェンジャー／監＝ジョン・フォード／脚＝ダドリー・ニコルズ／撮＝バート・グレノン／音＝ボリス・モロス、他／出＝ジョン・ウェイン、トーマス・ミッチェル、クレア・トレヴァー、ジョージ・バンクロフト、ルイーズ・プラット

解説　一八八五年、アリゾナのトント市からニューメキシコのローズバークまで、九人の乗客を乗せた駅馬車が大平原を走るが、途中でアパッチインディアンに急襲される。切迫した状況のもとで、さまざまな人間模様が繰り広げられる。西部劇の王様ジョン・フォード監督と、西部の王者ジョン・ウェインのコンビ第一作にして代表作。

18

ハイ淀川です　ジョン・フォードが四十四歳のときの作品ですね。このころ、すでに第一級監督として活躍していたんですよ。

さあ、ファーストシーンの語り出しから見事ですね。馬車はいちばん怖い場所を通り過ぎた。乗客はホッとした。ところが、キャメラは、その走る馬車を撮りながら崖の上にいるジェロニモが大勢の部下を連れて見つめているのを映しました。なにも知らない馬車は走る。インディアンが見つめている。馬車の中では、よかった、よかった、バンザイと言ったときに、ウイスキー商人の胸にブスーッと矢が刺さった。馬車は逃げる。インディアンがどんどん追ってくる。このときのキャメラの感覚のすごいこと。馬車のスピードにキャメラが合うとインディアンがじりじり迫ってくる。このタッチ。映画美術とはこれ！　追われる者の恐怖を見事に表現しました。これは西部劇としてではなく、人間ドラマ。映画史上に残るフォードの名作です。私は当時、ユナイトの宣伝部にいましたので、この映画の宣伝をやりました。原題は「ステージコーチ」。なんだろうと思いました。ジョン・フォードは西部劇はつくっていなかったし、ジョン・ウェインも有名ではなかったのね。初めは「地獄馬車」なんていう題名をつけたので、お止めなさいと怒ったりもしましたが、私にとって想い出深い作品です。何回見てもいいなあ。

追われる者の恐怖を描いたジョン・フォードの名作西部劇。

風と共に去りぬ
Gone With The Wind

19

ヴィクター・フレミング

39／米／232分／製＝デヴィッド・O・セルズニック／監＝ヴィクター・フレミング／脚＝シドニー・ハワード／撮＝アーネスト・ホラー、レイ・レナハン／音＝マックス・スタイナー／出＝ヴィヴィアン・リー、クラーク・ゲーブル、レスリー・ハワード、ハティ・マクダニエル、オリヴィア・デ・ハヴィランド

解説　マーガレット・ミッチェルの原作をデヴィッド・O・セルズニックが製作、ヴィクター・フレミングが監督したカラー超大作。ジョージア州アトランタの地主の娘スカーレット・オハラ（ヴィヴィアン・リー）は青年アシュレー（レスリー・ハワード）を慕っていたが、失恋した彼女は、やがてレット・バトラー（クラーク・ゲーブル）と結婚するが…。

ハイ淀川です　ストーリーは、よくご存知でしょうけれど、この映画、南北戦争の時代背景を頭に入れて見てほしいのね。スカーレットは、とっても気の強い女。男というものがみんな自分に憧れていることを知っている女です。その女がどう生きたのか。そこが見どころですね。スカーレットは、生涯かけてアシュレーを自分の命だと思っていたのに、それが恋の幻想だったと知って、彼に愛想をつかすあたりが面白いのね。そして、レットへの愛に目覚めるんだけど、彼も去っていく。もうなんもなくなってしまった。最後の最後、夕方の赤い空を見て、「明日という日があるじゃあないの」。この幕切れがいいんですね。

実はスカーレット役を選ぶのに、セルズニックは一四〇〇人の女をテストしたんですが、決まらない。そのままで撮影がスタートしたのね。そしてアトランタの火災シーンをMGMのセットで撮っていたとき、ヴィヴィアン・リーがローレンス・オリビエと一緒に見学に来ていた。このころ、二人は恋人同士だったのね。セルズニックは、彼女の感情の激しい横顔を見て、いっぺんに決めちゃったのね。アメリカ南部の女をイギリスの女優がなんでやるのか。ハリウッドの女優はみんな怒って、大変な話題になったのね。それが新聞に出て宣伝にもなったのね。でも、ヴィヴィアン・リーは見事に演じて当たり役になりました。まさに話題に溢れた大作ですね。

明日がある！　スカーレットはヴィヴィアン・リーの当たり役。

20

邂《めぐり》逅《あい》

Love Affair

レオ・マッケリー

39／米／白黒／87分／製・監＝レオ・マッケリー／脚＝デルマー・デイヴィス、他／撮＝ルドルフ・マテ／音＝ロイ・ウェッブ／出＝アイリーン・ダン、シャルル・ボワイエ、マリア・オースペンスカヤ、リー・ボウマン、モーリス・モスコヴィッチ

解説　ヨーロッパ行きの船旅で出会ったミシェル（シャルル・ボワイエ）と歌手テリー（アイリーン・ダン）は恋におち、帰国後に再会を約束するがテリーは事故に遭ってしまう。運命的な出会いと劇的な再会のメロドラマ。五七年にレオ・マッケリー監督が再映画化。また九四年にもグレン・ゴードン監督でリメイクされている。

ハイ淀川です　私の最も好きな愛の映画といえば、『街の灯』『散り行く花』……。そう、『邂逅』も入れたいねえ。この映画を見て、私は思わず涙が落ちました。きれいなきれいなお話で、メロドラマというには、あまりにも上等な映画でした。

シャルル・ボワイエの画家とアイリーン・ダンの歌手が船の中で知り合って、すっかり仲よくなって再会を約束しました。男はエンパイアステートビルの屋上で待っている。ところが、女はそのビルの足元で自動車にぶつかっちゃって、怪我をして病院に行っちゃったの。ああ、あの女は来なかったとがっかりするあたり。女も寝ていながら会いたい会いたいと思っているあたりがいいんですね。ラストはきれいな愛で結びます。

このレオ・マッケリーという監督。この話がよっぽど好きなんですね。ケーリー・グラントとデボラ・カーを使って再映画化しました。今度は『邂逅』という難しい字でなくて、『めぐり逢い』。内容はほとんど一緒ですね。船の中で、好きになって、男が、「六ヶ月先の今日、エンパイアステートビルで会ってくれませんか」

と言う。明日じゃあないのね。六ヶ月先というのは、いまお互いに相手がいるので、清算してからというあたりがいいなあ。女も「ハイ」と言う。この映画、男と女の会話が面白いんですね。

思わず涙が落ちた、私の大好きな愛の映画です。

独裁者

The Great Dictator

21

チャールズ・チャップリン

40／米／白黒／126分／製・監・脚＝チャールズ・チャップリン／撮＝カール・ストラス、他／音＝メレディス・ウィルソン／出＝チャールズ・チャップリン、ポーレット・ゴダード、レジナルド・ガーディナー、ジャック・オーキー、チェスター・コンクリン

解説　チャップリンが初めてトーキーを採用し、ファシズムへの痛烈な風刺とヒトラーの独裁政治への怒りをこめてつくった作品。敗戦の動乱期にあったトメニア国ではヒンケル（チャップリン）が政権を握り独裁政治を推し進めていたが、床屋（チャップリン二役）がヒンケルと瓜二つだったことから混乱に巻き込まれてしまう。

ハイ淀川です　チャップリンは、ヒトラーが世界を征服しようという野望をもっていたので、それと戦うためにこの映画をつくったんですね。

この映画ではヒトラーではなくヒンケルになっています。見事な台詞まわしでヒトラーの真似をするところがすごいですね。地球儀を回しながら、「俺は世界を征服するんだ」と言いますね。地球儀を投げた。すると上へあがって、風船になりました。そこで風船とチャップリンのダンスが始まりました。風船が降りてきたら、前を隠すあたり。チャップリンはヒトラーをストリップにしました。なんという皮肉でしょう。

そして、ラストの六分間の演説のすごかったこと。床屋のチャップリンは、ヒンケルの服を着せられて、追いつめられて演説をします。

「独裁者の奴隷になってはいけない」

チャップリンの思想が表れました。そしてラストの、この演説の結びにチャップリンは、

「ハンナ。ハンナ。俺の演説が聞こえるか」

と叫びました。実はチャップリンの母の名がハンナ。このあたりをご存知だと、ラストシーンはお母さんに、「私はこの映画を命がけでつくりました。この映画にこめられているボクの声を聞いて下さい」と呼びかける気持ちがわかるんですね。

チャップリンが実の母に捧げたラストシーン。

果てなき船路
The Long Voyage Home

22

ジョン・フォード

40／米／白黒／105分／製＝ウォルター・ウェンジャー／監＝ジョン・フォード／脚＝ダドリー・ニコルズ／撮＝グレッグ・トーランド／音＝リチャード・ヘイゲマン／出＝トーマス・ミッチェル、ウォード・ボンド、ジョン・ウェイン、ジョン・クォーラン、バリー・フィッツジェラルド

解説　ユージン・オニールの初期の一幕劇を西部劇の名人ジョン・フォード監督が映画化。脚本はフォードと名コンビのダドリー・ニコルズ。第一次大戦の初めごろ、貨物船グレンケーン号、さらに港町を舞台に、海に生きる男たちの哀歓、友情、人情を描いた作品でジョン・フォードの異色作。若い船員にジョン・ウェインが扮している。

ハイ淀川です　ジョン・フォードは、『駅馬車』『怒りの葡萄』に続いて、この映画を撮りました。評論家の中には、これは失敗作だと言った人もいましたけれど、私はこの作品が大好きで、いかにもフォードらしい香りのある名作です。

どんなところがいいのか、ちょっと申しましょう。

船が嵐に襲われたとき、船員ヤング（ウォード・ボンド）が錨で胸を叩きつけられて、船底のベッドの上で死んでいくのね。天井のランプが揺れている。俺はランプの揺れねえ部屋で死にたかったなあ。仲間のドリスコル（トーマス・ミッチェル）が、最後のタバコを口にもっていっても、もう吸えないの。一方、若い船員オルスン（ジョン・ウェイン）は港へ着いたら、俺は故郷に帰るんだと張り切っている。それで彼を可愛いがっている船員（ジョン・クォーラン）が、船が港に着いたとき、汽車の切符を彼の胸のポケットに縫いつけてやるの。ところが、オルスンは酒場で悪い商人に眠り薬の入った酒を飲まされて、地獄船に連れ込まれる。さあ、大変だ！　船の仲間たちが彼を奪い返そうと殴り込みをかける。海の男たちの友情、人情が、まるで美術画の美しさのように描かれているんですね。フォードは、お金持ちの家庭劇なんか撮りません。貧しくっても、けなげに生き抜く人を好んで描く。そこがいいんですね。

海の男の友情を描いたジョン・フォードの知られざる名作。

レベッカ

Rebecca

アルフレッド・ヒッチコック

40／米／白黒／131分／製＝デヴィッド・O・セルズニック／監＝アルフレッド・ヒッチコック／脚＝ロバート・E・シャーウッド／撮＝ジョージ・バーンズ／音＝フランツ・ワックスマン／出＝ローレンス・オリヴィエ、ジョーン・フォンテーン、シュディス・アンダーソン、ジョージ・サンダース、ナイジェル・ブルース

解説　英国からハリウッド入りしたヒッチコックの第一回監督作品で心理サスペンス。美しいアメリカ娘（ジョーン・フォンテーン）はモンテカルロで、英国の大荘園マンダレーの当主（ローレンス・オリヴィエ）と出会い二度目の妻として大邸宅に迎えられる。しかし新夫人を待ち受けていたものは…。アカデミー作品賞、撮影賞受賞。

23

ハイ淀川です　『レベッカ』は、ヒッチコック映画の原点ですね。ヒッチ映画は常に疑惑の恐怖がテーマで、これはその代表作。ヒッチ研究する人には教科書ですよ。

なんとも知れん女中がいて、ジョーン・フォンテーンの新妻が、「どなたのお部屋ですか」と、訊いたら、その女中が、

「ここはレベッカ様のお部屋です。奥様は亡くなりましたけれど、魂が生きています。絶対に入ってはいけません」

でも、彼女は部屋に入って、机の上にあった陶器を落しちゃった。あの女中に見つかったらいけないと思って、抽出しに隠すあたりが怖いんです。彼女はその女にいじめられるので、もうわたしは死んだほうがましだと思って、窓の外を見て悲しんでいると、後ろで、女中がじっと見つめて、「さあ、早くお死に」と言っている感じのシーンのすごいこと。

ヒッチコックの疑うこと、怖がることが、これほどよく出た作品はありませんね。同じ年に撮った『海外特派員』は、目に迫ってくる恐怖を描きましたが、この作品は心の中に押しつけてくる恐怖ですね。旦那役のローレンス・オリヴィエは品があってよかったけれど、ジョーン・フォンテーンが初々しくって可愛いい。それだけに怖さが私たちに伝わってくるんですね。

疑惑の恐怖。ヒッチ研究の教科書ですよ。

24

市民ケーン

Citizen Kane

オーソン・ウェルズ

41／米／白黒／119分／製・監・脚＝オーソン・ウェルズ／撮＝グレッグ・トーランド／音＝バーナード・ハーマン／出＝オーソン・ウェルズ、ジョゼフ・コットン、ドロシー・カミンガー、エヴァレット・スローン、アラン・ラッド

解説　新聞王ケーンの生涯を描いたオーソン・ウェルズ監督のデビュー作。ケーンは青年時代、破産寸前の新聞社を買いとり、友人（ジョゼフ・コットン）らとニューヨーク一の新聞に育てあげる。しかし、彼のエゴから妻は去り、愛人も自殺する。ウェルズが製作、脚本、主演もかねた作品で映画技術の集大成とされている。

ハイ淀川です　もうあまりにも有名な名作。皆さん。ごらんになったでしょう。えっ。見ていない？　そんな人とは口もききたくありません。軽蔑しますよ。ビデオに入っているでしょう。今からでもごらんなさい。

これはアメリカの有名な新聞王ハーストをモデルにした作品ですね。オーソン・ウェルズが初めて監督して、ケーンに扮しました。

ケーンが〝バラの蕾〟という言葉を残して死んだところから始まります。ケーンはどんな男だったのかがだんだんわかってきます。なんでもかんでも自由にできて、女も自由にできた。力であらゆるものを征服しました。けれども、自分には、ほんとうの幼年時代、少年時代、もっともっと昔のあの純真さ。生まれたてのきれいな純真さは、今の自分のどこにもないと苦しむあたり。厳しい厳しい富豪のむなしさがよく出ていました。最後の最後、〝バラの蕾〟の意味がわかる。ラストの幕切れの見事なこと。そして、少年時代、雪の日におじさんに連れられて家を出ていく哀しさ。つらさ。このシーンがこの映画のカギでした。

この作品は『第三の男』と並ぶ映画の教科書です。作品の力は今でも色あせていませんね。映画ってこうやってつくったらいいのか。そのテクニックがいっぱい詰まっています。

映画をつくるテクニックがいっぱい詰まった、O・ウェルズの監督主演第一作。

疑惑の影
Shadow Of A Doubt

25

アルフレッド・ヒッチコック

43／米／白黒／108分／製＝ジャック・H・スカーボール／監＝アルフレッド・ヒッチコック／脚＝ソーントン・ワイルダー、他／撮＝ジョゼフ・ヴァレンタイン／音＝ディミトリ・ティオムキン／出＝ジョゼフ・コットン、テレサ・ライト、マクドナルド・ケリー、ヘンリー・トラバース、チャールズ・ベイツ

解説　『レベッカ』以来、一作ごとに地位を築いてきたアルフレッド・ヒッチコック監督の恐怖心理映画。カリフォルニアの小都市、ニュートン家の長女（テレサ・ライト）の前に突如、母の弟のチャーリー叔父さん（ジョゼフ・コットン）が現われる。快く迎えた叔父の正体がわかるにつれて無邪気な娘心に疑いが芽ばえていく。

ハイ淀川です　テレサ・ライトの姪は、叔父さんからきれいなきれいな指輪をもらって、何気なく裏を見たら、「M・T」と刻まれていました。姪は「誰なの？」と聞いても、叔父さんは「うん。友だちだよ」と言うのね。でも、気になって調べているうちに、新聞に出ていた未亡人殺しの女の頭文字と同じことに気づいて怖くなってきました。この姪は出かけるたんびに危ない目にあったりするのね。

その町の描写が絵のように美しいんですね。さながら、ソーントン・ワイルダーの『我らの町』のような町のたたずまいを見せてくれます。ヒッチコックは美しい風景の中で恐怖を見せるのが上手。しかも、町の描写が細かく描かれている。これはドキュメンタリー映画の本家であるイギリス映画精神を生まれながらに持っているからかもしれませんね。

さあ、やがて、姪は、可愛がってくれる叔父さんが犯人だということに気づいていきますね。どうしよう。どうしよう。このあたりからますます怖くなっていきますね。そして、列車のラストシーン。これは申しませんよ。スパイ物が多い中で、ふつうの家庭の、小市民の人間の恐怖を描いていることが面白いんです。

ヒッチコック映画の中には、目に迫ってくる恐怖と、心の中に迫ってくる恐怖がいつも同居しています。ヒッチ映画はどれもいいですけれど、これは私のおすすめ作品です。

目に迫ってくる恐怖と心に迫る恐怖が同居しているヒッチコックの名作。

我が道を往く
Going My Way

26

レオ・マッケリー

44／米／白黒／130分／製・監＝レオ・マッケリー／脚＝フランク・バトラー、フランク・キャヴェット／撮＝ライオネル・リンドン／音＝ジェームズ・ヴァン・ヒューゼン／出＝ビング・クロスビー、バリー・フィッツジェラルド、リーゼ・スティーヴンス、ジーン・ロックハート、フランク・マクヒュー

解説　ニューヨークの下町にある貧しい教会を舞台にアイルランド人の老牧師（バリー・フィッツジェラルド）と赴任してきた茶目っ気たっぷりの副牧師オマリー（ビング・クロスビー）が教会再建のために悪戦苦闘する。クロスビーの持ち味と歌を活かしたレオ・マッケリー監督の原案によるヒューマンドラマ。アカデミー作品賞、監督賞、原案賞、歌曲賞など七部門受賞。

ハイ淀川です　私はこの映画を見て、笑って、泣いて、感動しました。ほんとうにごひいきの作品です。老神父に扮したのが、バリー・フィッツジェラルド。ジョン・フォード監督の『わが谷は緑なりき』『静かなる男』に出ていた名優。この作品でアカデミー助演男優賞をとりました。若い牧師オマリーがビング・クロスビー。今さら申すまでもなく、かつてアメリカ中をわかした人気歌手ですね。

この二人がいいんですね。老神父はオマリーが教会にやってきたので、もう、俺はいらないんだ、お払い箱だと思って、すねて、家出するんだけど、行くところがないので、また戻ってくるあたり。オマリーは夕食をたっぷり盛ったお盆を二階のおじいちゃんの部屋に持っていきました。このおじいちゃん神父は、ぺろりとたいらげてしまったのね。そして、オルゴールの文箱を開けたら、アイルランドの民謡が流れてきた。トゥー・ラ・ルーラ・ルー・ララーのメロディ。オマリーはその歌をうたってあげた。おじいちゃんはすやすや眠ってしまった。そっと電気を消して、扉を開けて外に出ようとしたとき、おじいちゃんは「おやすみ」と言ったのね。このシーン、おじいちゃんと若い牧師の友情が溢れ出ていましたね。マッケリー監督は心温かい名作をつくる人。この作品も私たちをほんとうの愛の世界へ導いてくれました。見事な彼の永遠の名作ですね。

老神父と若い牧師が綴るレオ・マッケリーの愛の名作。

荒野の決闘

My Darling Clementine

ジョン・フォード

46／米／白黒／97分／製＝サミュエル・G・エンゲル／監＝ジョン・フォード／脚＝サミュエル・G・エンゲル、他／撮＝ジョゼフ・P・マクドナルド／音＝アルフレッド・ニューマン／出＝ヘンリー・フォンダ、ヴィクター・マチュア、リンダ・ダーネル、キャッシー・ダウンズ、ウォルター・ブレナン

解説　復員したジョン・フォード監督が戦後、最初に手がけた西部劇。西部史上伝説の保安官ワイアット・アープ（ヘンリー・フォンダ）は親友で医者くずれのドク・ホリデイ（ヴィクター・マチュア）の協力を得て牛泥棒のクラントン（ウォルター・ブレナン）一家とOK牧場で死闘を展開。ドクは死ぬが敵を全滅させる。

27

ハイ淀川です　『駅馬車』から七年、ジョン・フォードは、ウェスタンを芸術に磨きあげました。まさに第一級の名作ですね。

これは皆さんご存知のように、ワイアット・アープと、ドク・ホリデイが、クラントン一家の父子と決闘する。西部で実際にあったお話ですね。西部男のたくましさと哀愁。長い手足で無器用そうに歩くヘンリー・フォンダの猫背の後ろ姿。白いハンカチを持った都会男ぶりのヴィクター・マチュア。マチュアの生涯に一度の、最高の名演も見どころですよ。ワイアットとクレメンタインの一本道での別れのラストシーン。「俺はクレメンタインという名前が好きだ」と、ひとこと言い残していくところ。アメリカ民謡「マイ・ダーリング・クレメンタイン」のメロディ。見終わったあと、胸に残って消えませんでした。

というわけで、ジョン・フォードの西部劇は、なぜいいのか。単なる撃ち合い、戦い万才！　ミリタリズムではありません。男の哀しさが詩的に出ているんです。ジョン・ウェインが主演した『黄色いリボン』もそうでした。騎兵隊の勇敢さと同時に男の感傷を見事に描きましたね。俺はインディアンに女房も娘も殺されてしまった。これから何をしたらいいのだろうか。退役軍人の、男一匹の枯れていく姿がよく出ていましたね。『荒野の決闘』とともにこの作品も名作です。フォードは西部劇のなんたる名手か。

男の哀しさが詩的に滲む、ジョン・フォードの傑作西部劇。

28

美女と野獣

La Belle Et La Bête

ジャン・コクトー

46／仏／白黒／92分／製＝アンドレ・ポールヴェ／監・脚＝ジャン・コクトー／撮＝アンリ・アルカン／音＝ジョルジュ・オーリック／出＝ジャン・マレー、ジョゼット・デイ、ミシェル・オークレール、マルセル・アンドレ、ミラ・パレリ

解説　詩人ジャン・コクトーがルプランス・ド・ボーモンの童話をシュールな映像で見せたファンタジー。三人の娘をもつ商人（マルセル・アンドレ）は旅の途中、道に迷い古城にたどりつく。そこに魔法使いの手によって野獣にされた王子（ジャン・マレー）が住んでいた。主演のジャン・マレーはこの作品で日本に初登場。

ハイ淀川です　原作は有名なフランスのおとぎ話ですから、お話は皆さんご存知でしょう。それをコクトーが初めて監督して、映画にしました。

私は昭和二十三年にこれを見ました。もうびっくりしました。白黒映画です。でも中身はフランスの香水、ダイヤモンドです。

画面自身の感覚のすごいこと。野獣の屋敷の広い廊下、石の壁には男の片腕の彫刻が並んでいて、その手がローソクを持って動いているんですね。ジョゼット・デイが扮している末娘は、野獣を見て初めはびっくりしたけれど、その野獣は非常に紳士的なのね。そして、末娘に真珠の宝石を持たせて家に帰らすとき、この映画はどんな見せ方をしたのか。野獣が手を出すと、手の中に真珠があるんじゃなくって、半円を描いて闇の中から真珠が一つ二つ三つと、スーッと現われて手に載るのね。このキャメラ美術はドキッとしますね。子供の童話じゃない。大人の絵にしているんですね。そして、ラストシーン。魔法がとけて、王子になったジャン・マレーが娘を抱いて昇天していくところ。ただスーッと上がってはいませんでした。斜めに動いて円をくるくる描くように、まるで泰西名画のようにのぼっていきましたねえ。アンリ・アルカンのキャメラのすごいこと。映画はキャメラ美術で磨いたら、こんなにも素晴らしいものになるんです。コクトーの永遠の名作です。

これはフランスの香り、ダイヤモンド。ジャン・コクトーの永遠の名作。

赤い靴

The Red Shoes

29

E・プレスバーガー、M・パウエル

48／英／136分／製・監・脚＝エメリック・プレスバーガー、マイケル・パウエル／撮＝ジャック・カーディフ／音＝ブライアン・イースデイル／出＝モイラ・シアラー、アントン・ウォルブルック、レオニード・マンシーニ、ロバート・ヘルプマン、マリウス・ゴーリング

解説　『黒水仙』のエメリック・プレスバーガーとマイケル・パウエルのコンビが監督。名人の靴屋がつくった赤いバレエ・シューズを履いた者はいつまでも踊りつづけなければならない、というアンデルセンの有名な童話にヒロインのバレリーナのビッキー（モイラ・シアラー）の運命が重なっていく。アカデミー賞（音楽・美術・装置）三部門受賞。

ハイ淀川です　このクラシックとモダンな感覚。さあ、そのビッキーが練習するシーンのキャメラのすごいこと。舞台の初日、「赤い靴」を踊ることになった。映画はバレエになりました。少女が靴屋から赤い靴をもらって履いたら、踊りが止まらないんですね。町の辻に新聞紙が散らばっていた。サァーッと風で舞って、その新聞紙が人の形になってダンサーになって、少女と一緒に踊りますねえ。この新聞紙になって踊る男がロバート・ヘルプマン。靴屋さんがレオニード・マンシーニ。二人とも最高のバレエ・ダンサーですから、その踊りの見事なこと。

ビッキーは作曲家と結婚したんだけれど、踊りたくって仕方がないのね。それで再び舞台に立つことになった。舞台を選ぶか夫を選ぶか。悩んだビッキーは、バレエの衣裳をつけたままベランダに飛び出して、夫が乗っている汽車に向かって飛び降りてしまったのね。ビッキーは死にました。さあ、舞台の幕が開きました。主役がいません。このラストのすごいこと。天井からのスポットライトがビッキーの代わりになって舞台を動きます。そのライトのぐるりをバレエの連中が踊りましたねえ。主役のいない、ライトだけのままの舞台が終わりました。ジャック・カーディフのキャメラがどんなに見事にバレエをキャッチしたことか、見ていて涙が出ます。映画美術とはまさにこれ！　永遠の名作です。

クラシックとモダン感覚。バレエ・シーンが圧巻！

30

自転車泥棒

Ladri Di Biciclette

ヴィットリオ・デ・シーカ

48／伊／白黒／88分／製・監＝ヴィットリオ・デ・シーカ／脚＝チェーザレ・ザヴァッティーニ／撮＝カルロ・モントウォーリ／音＝アレッサンドロ・チコニーニ／出＝ランベルト・マジョラーニ、エンツォ・スタヨーラ、リアネッタ・カレッリ、ジーノ・サルタマレンダ

解説　ヴィットリオ・デ・シーカ監督が『靴みがき』に次いで発表したネオレアリズモの代表的作品。アントニオはやっとのことで仕事にありつき、六歳の息子ブルーノと自転車に乗って映画のポスター貼りをしていたが、ちょっとした隙に自転車を盗まれてしまう。しかし自転車は見つからず、やけになり他人の自転車を盗んでしまう。

ハイ淀川です　ヴィットリオ・デ・シーカ。この人はご存知のように、ロベルト・ロッセリーニ、ルキノ・ヴィスコンティといった人たちと並んで、戦後のイタリア映画を世界中に広めました。『靴みがき』を撮ったあとに、この『自転車泥棒』をつくりましたが、日本で封切られたのは、二本とも昭和二十五年でした。

当時、イタリア映画はネオリアリズムが主流でした。ですから、デ・シーカも生活の匂いを実際に持っている人を使って、この映画を撮ったんですね。お父さんのアントニオは機械工で、息子のブルーノは八百屋の息子。ほんとうの俳優さんでなく素人なんですね。

さあ、この映画、お父さんは一台の自転車をサッと盗んで乗りました。しかし、見つかって、男たちに袋だたきにあいましたねえ。息子は走っていって、お父さんのズボンにしがみつきました。そして、息子がお父さんの手を引っぱったときの悲しさ。お父さんと息子がとぼとぼ帰っていくこのラストシーン。これでこの少年は一生涯、お父さんが泥棒して殴られたことを、ずっと胸にやきつけてしまうでしょう。お父さんも子供に見られたことをどんなに辛く思うでしょう。戦後のローマ。戦争というものが、こんな悲惨な家庭を生みました。厳しい映画です。でも、愛情を込めて見つめているあたり。まさに『靴みがき』と並んで、デ・シーカの傑作です。

素人を使って撮った、イタリアン・ネオリアリズムの傑作。

ママの想い出

I Remember MaMa

ジョージ・スティーヴンス

48／米／白黒／134分／製＝ハリエット・パーソンズ／製・監＝ジョージ・スティーヴンス／脚＝ウィット・ボディーン／撮＝ニコラス・ムスラカ／音＝ロイ・ウェッブ、他／出＝アイリーン・ダン、オスカー・ホモルカ、バーバラ・ベル・ゲデス、フィリップ・ドーン、エドガー・バーゲン

解説　大ヒットしたジョン・ヴァン・ドルーテンの舞台劇をジョージ・スティーヴンスが製作、監督した。一九一〇年のサンフランシスコ。ノルウェー移民のハンソンは貧しい大工だが、やさしいママ（アイリーン・ダン）と四人の子供に恵まれていた。作家志望の長女はママが大好き。愛情溢れる一家をほのぼのとしたタッチで描いた作品。

31

ハイ淀川です　『シェーン』のジョージ・スティーヴンスが監督しました。今と比べたら単純な映画ですけれど、その心の温かさが身に沁みました。家庭劇の最高でしたね。

　お母さんと娘が町を歩いていて、文房具屋の前で、娘がクレヨンを見て、「お母さん。あれが欲しいなあ」と、言ったら、このお母さんは、「お父さんに内緒だけど、へそくりがあるから、お買いなさい」と、言って高いのを買ってあげましたね。

　それから何十年かたって、その娘は立派な作家になって、小説を書いた。『アイ・リメンバー・ママ』。ママの想い出。娘は、「お母さん、あのとき、いくら貯金があったの?」と聞いた。お母さんは、「あのねえ。実はあのとき、一銭も貯金なんかなかったんだよ。あんたたちに買ってやりたかったから嘘をついたんだよ」

　この白髪になったお母さん。子供たちを勇気づけて、大らかに育てようとしたんですね。なんていいお母さん。私はこの映画を見たとき、涙がとまりませんでした。子供たちはどんなに幸せだったか。育ちというものがいかに大事なことか。

　私が映画に夢中になって、見続けてこられたのも、やさしい母がいたからでしたよ。


なんていいお母さん。これは家庭劇の最高でした。

第三の男

The Third Man

キャロル・リード

49／英／白黒／105分／製＝デイヴィッド・O・セルズニック、アレクサンダー・コルダ／製・監＝キャロル・リード／脚＝グレアム・グリーン／撮＝ロバート・クラスカー／音＝アントン・カラス／出＝オーソン・ウェルズ、ジョゼフ・コットン、アリダ・ヴァリ、トレヴァー・ハワード、バーナード・リー

解説　第二次大戦後、米英仏ソの管理下のウィーン。アメリカの作家ホリー（ジョゼフ・コットン）は友人ハリー（オーソン・ウェルズ）が死んだと聞かされ埋葬に立ち会う。しかしその死に疑問を抱きハリーの恋人（アリダ・ヴァリ）などと会っているうちにハリーが生きていることに気づく。彼の死は偽装工作だった。カンヌ映画祭グランプリ。

32

ハイ淀川です　キャロル・リード監督の最高傑作です。映画の教科書ですね。アントン・カラスのチターで始まるファーストシーン、というよりファーストタイトルカット。チターの弦がメロディに合わせて動いて、音楽がうまく計算されていて始まりますね。悪い男のニセのお葬式。これが曲物だね。最後の最後は、この男の本物の葬式で終わりますね。このラストシーンとの対比が、この映画の面白さですね。あのラスト。並木には枯れ葉が散っていますね。秋だ。悪党が死んだ。墓地からの一本道。アリダ・ヴァリが死者にとりつかれたように歩いてくる長いカット。そのときの主題歌の美しさ。

この映画はあまりにも有名なので、ストーリーは、みなさんご存知でしょうから、いちいち申しませんけれど、名キャメラマンのロバート・クラスカーの撮影の見事なこと。夜の街、地下水道の中、光と影のシャープなキャメラワークは最高です。脚本、演出、キャメラ、音楽が、この映画を永遠の名作にしました。何回も何回も見てもあきませんね。

というわけで、キャロル・リードは、このあと、グレアム・グリーンとのコンビで、『落ちた偶像』をつくりましたねえ。子供の目からみた大人の世界。少年の心になってみると大人の偽善がよくわかって面白い作品でしたね。この作品も機会があったら、ぜひごらんなさい。

ファーストシーンとラストシーンの対比の面白さ。主題歌の美しさ。

サンセット大通り

Sunset Boulevard

33

ビリー・ワイルダー

50／米／白黒／110分／製・脚＝チャールズ・ブラケット／監・脚＝ビリー・ワイルダー／脚＝D・M・マーシュマン・ジュニア／撮＝ジョン・F・サイツ／音＝フランツ・ワックスマン／出＝グロリア・スワンソン、ウィリアム・ホールデン、エーリッヒ・フォン・シュトロハイム、ナンシー・オルソン、バスター・キートン、セシル・B・デミル

解説　製作ブラケット、監督ワイルダーのコンビがハリウッド・スターの内幕を描いた。サイレント時代の大女優ノーマ（グロリア・スワンソン）はかつての大監督で夫でもあった召使いと邸宅に住んでいたが、そこに若い脚本家ジョー（ウィリアム・ホールデン）が入り込み悲劇を招く。グロリア・スワンソンの自伝を思わせる作品。

ハイ淀川です　これはワイルダーの作品の中でも、いちばん怖い映画。ハリウッドの内幕を描きました。グロリア・スワンソン扮する大女優ノーマ・デズモンドは、若い脚本家のホールデンに惚れて、裏切られたので殺してしまいますね。まるでサイレント時代の名女優がやるようなオーバーなジェスチャーで、ピストルで撃ってしまうあたり。ワイルダーは、スワンソンにサイレントの演技をさせて、ホールデンにはトーキーの演技をさせましたねえ。この違いが見どころで、面白いんですね。

デズモンドは気が変になってきた。サロメの扮装をして、邸宅の階段を降りてきた。階下にはニュース映画のキャメラが立ち並んでいた。そのとき、シュトロハイムの召使いが、「アクション・スタート!」と言いました。その声を聞いて、彼女はいよいよ自分の出番だと思って、本物の撮影だと思って演技をします。このラストシーンの怖いこと。大スターのなれの果てを見事にみせました。実は、シュトロハイムとスワンソンは、三十年前に、二人で一緒に映画をつくりました。『クイン・ケリー』という映画なんだけれど、喧嘩して途中で終わってしまった。そんな過去があっただけに、この場面は面白いのね。他にも、セシル・B・デミル本人を監督役で出演させた。デミルはスワンソンの育ての親なのね。ワイルダーは、こんないたずらをしてすごい作品をつくりました。

サイレントの演技とトーキーの演技の違いが際立つ。

羅生門
Rashoh-Mon

黒澤明

50／日／白黒／87分／製＝箕浦甚吾／監・脚＝黒澤明／脚＝橋本忍／撮＝宮川一夫／音＝早坂文雄／出＝京マチ子、三船敏郎、森雅之、志村喬、本間文子、千秋実、上田吉二郎／加東大介

解説　芥川龍之介の「藪の中」を黒澤明監督が映画化。戦乱の平安朝時代、山科の郷の山道に旅の侍が胸を刺され死んでいた。発見者の証言により、検非違使は巫女を使って殺された侍の死霊を呼び出し、容疑者の山賊と侍の妻の三者に事件の真相を語らせるが、真実は藪の中。日本初のヴェネチア国際映画祭グランプリ。

34

ハイ淀川です　この映画から黒澤さんは、はっきり実力を見せ始めました。ヴェネチア国際映画祭でグランプリをとりました。日本映画が賞をとるなんて、初めてだからみんなびっくりした。これで黒澤明は世界に知られるようになったのね。

さあ、ファーストシーン。寺の山門の鬼瓦に叩きつける雨。それが溝に流れて水煙が立っている。今度は場面変わって、森になった。キャメラが移動する。モノクロですから雨は真っ黒のイメージ。森はグレー。この宮川一夫のキャメラタッチのすごいこと。後に宮川さんに聞いたら、黒澤さんの注文をどう撮ったらいいのか苦労したと話してくれましたが、その見事なこと。やがて、お裁きになった。白い白い白いお白洲の砂。というわけで、裁判劇が始まります。でも裁判官は出てこない。声だけ。三船敏郎の山賊、森雅之の武士、京マチ子の武士の妻を問い詰める手法ですね。つまり、三者三様でみんな言うことが違う。どれが真実かわからないままで終わる。

これはまさに能スタイル裁判劇。目で見てよくわかる名作です。

昭和二十六年の暮れ。私がロサンゼルスに行ったとき、リンダ・リーという映画館で『羅生門』をやっていた。有名な俳優のリー・J・コップがこの映画を見て、こんな立派な映画は初めてですと、言ってくれましたが、うれしかったなあ。

黒、白、グレー、能スタイルの裁判劇、世界の黒澤の誕生作。

河
The River

35

ジャン・ルノワール

51／米／99分／製＝ケネス・マッケルダウニー／製・監・脚＝ジャン・ルノワール／脚＝ルーマ・ゴッデン／撮＝クロード・ルノワール／音＝M・A・パーサ／出＝パトリシア・ウォルターズ、アドリエンヌ・コリー、ラーダ、トーマス・ブリーン、アーサー・シールズ、ノラ・スウィンバーン

解説　インド、ガンジス河が流れるベンガル地方。ハリエット（パトリシア・ウォルターズ）、バレリー（アドリエンヌ・コリー）、メラニー（ラーダ）の仲よし三人娘と、第二次大戦で片足を失った青年将校ジョン（トーマス・ブリーン）との淡い交流を描く。ルノワール監督初のカラー作品。サタジット・レイが助監督。ヴェネチア映画祭国際賞。

ハイ淀川です　フランス人のジャン・ルノワールがアメリカに渡って、インドを舞台にして撮っているあたりが面白いんですね。実はこの映画、ロサンゼルスの花屋さんが集まって、お金を出して、ジャン・ルノワールに花のようなきれいな映画を撮ってもらおうと考えてできたんです。カラーの見事な名作です。

ベンガル地方に住む三人のお嬢ちゃん。二人は英国人で、あとの一人はインドとアメリカの混血ですね。三人とも十八歳。戦争で片足を失ったアメリカの将校に憧れます。若草の香りを嗅ぐような少女の初恋物語であり失恋物語。あの『若草物語』の世界と同じですね。やさしさと悲しさが胸を打ちます。

それよりもこの作品、見事なのは、インドのガンジス河の風景の美しさ。タイトルからインドの美しい砂絵。地上に流して美しいインド模様が描かれていくあたり。花火を上げて楽しむお祭りのきれいなこと。道ですれちがう人がお互いに手にした色の粉を投げる。赤い粉が散る美しさ。混血の娘がインドのダンスを踊るところ。あの手の動き、頭の動き、これぞインドという感じ。うっとりします。見事なインドの詩です。

ルノワールはイタリアで名女優アンナ・マニャーニを使って『黄金の馬車』を撮り、フランスに帰って『フレンチ・カンカン』をつくりましたが、どれも第一級の美術品でした。

若草の香りを嗅ぐような――名匠ルノワールがとらえたインドの詩。

恐怖の報酬

Le Salaire De La Peur

アンリ＝ジョルジュ・クルーゾー

52／仏／白黒／149分／製＝レイモン・ボルデリエ／製・監・脚＝アンリ＝ジョルジュ・クルーゾー／撮＝アルマン・ティラール／音＝ジョルジュ・オーリック／出＝イヴ・モンタン、シャルル・ヴァネル、フォルコ・ルリ、ペーター・ファン・アイク、ヴェラ・クルーゾー

解説　アンリ＝ジョルジュ・クルーゾー監督のサスペンス・ドラマ。メキシコに近いラス・ピエドラスの町から五百キロ離れた山上の油田に大火災が発生。ニトログリセリンの爆風で消火することが決まり、賞金欲しさにマリオとジョー、ルイジとビンバがコンビを組み、二台のトラックがニトロを積んで一触即発の恐怖を背に出発。

36

ハイ淀川です　この映画で絶対に面白いのは、クルーゾー好みの人間関係ですよ。イヴ・モンタンのマリオは、医者くずれで人間のクズ的な存在です。酒場の白痴のような娘に愛されている。でも、マリオは太っちょの大工ルイジ（フォルコ・ルリ）からも惚れられている。相棒というよりも稚児さん的で、自分のものはなんでも与えちゃうのね。つまり、ホモセクシャルだ。ところが、マリオは、パリからやって来たいかがわしい男のジョー（シャルル・ヴァネル）に夢中になった。同じ穴のムジナということで、この二人の男は共鳴して結びついていく。カフェでジョーとルイジが喧嘩するシーンが面白いのね。ルイジはマリオをとられた腹いせで、これみよがしの豪遊をする。それを、この田舎者！　ジョーが見下げるあたり。

　さあ、こんな四人が、違った相手とトラックに乗って出発していく。この微妙な人間関係を頭に入れてみると、この映画は面白いんですね。トラックが揺れると、車も人間も木っ端微塵になってしまうというこのスリル、サスペンス。見終わったあと、恐怖、恐怖の疲れで全身がぐったりとしてしまいますよ。よく考えたら、映画ですから、ニトログリセリンなんか積んでいません。水ですよ。それなのに活動写真の面白さに酔ってしまいます。不思議な人間の絡み合いとスリル。映画を知りつくしたクルーゾーの傑作ですね。

不思議な人間関係の絡み合いとスリル。クルーゾーの傑作。

禁じられた遊び

Jeux Interdits

ルネ・クレマン

52／仏／白黒／86分／製＝ポール・ジョリ／監・脚＝ルネ・クレマン／脚＝ジャン・オーランシュ、ピエール・ボスト／撮＝ロバート・ジュリアート／音＝ナルシソ・イエペス／出＝ブリジット・フォッセー、ジョルジュ・プージュリー、シュザンヌ・クールタル、ジャック・マラン、リュシアン・ユベール

解説　ドイツ軍の空襲で両親と小犬を失った少女ポーレット（ブリジット・フォッセー）は農家の少年ミシェル（ジョルジュ・プージュリー）と親しくなる。少年は死んだ小犬を水車小屋の近くに埋めて木の十字架を立ててやる。それから二人は墓地の十字架を盗んで葬式ごっこをするが禁じられてしまう。ルネ・クレマンが詩情ゆたかに描いた反戦映画。

37

ハイ淀川です　この映画、あまりにも有名ですから、みなさんはよくご存知でしょう。これはルネ・クレマンの映画詩ですね。幼いみなし児の少女ポーレットは、雑踏の駅の中で、初めて、すがる人もいない恐怖におびえて、「ミシェル、ミシェル」と、農家の少年の名を呼びますねえ。戦争の怖さ、戦争の悲劇を静かに訴えました。

でも、この映画、もっと面白いのは、十字架遊びですよ。この映画を最初に見たとき、子供は兵士が死んだら、こんなことをするのかと思っていましたけれど、いま見たら違うんだね。パリから来たこの六歳ぐらいの女の子。両親が死んだことさえ、よく理解していない。それよりもペットの犬が死んだことで泣きベソをかきました。そんなあどけない女の子が田舎の少年と友だちになった。小さなアメつぶみたいな女の子が虫を殺しておいて、「あんた。十字架をつくってちょうだい」

と言うのね。十歳ぐらいの男の子は黙って、時には喜んで命令に従います。女の子が男の子をアゴで使っているのね。うーん。それを見て、パリの女いうものは、こんな小さいときから男をこんなふうに扱っているのかと思いました。もう、男をあしらう術を知っているんだ。怖いなあ。クレマン映画がそこにありました。このあたりがこの映画のほんとうに面白いところですね。

パリの女の子が田舎の男の子をアゴで使った十字架遊び。

38

西鶴一代女

The Life Of Oharu

溝口健二

52／日／白黒／148分／製＝児井英生／監＝溝口健二／脚＝依田義賢／撮＝平野好美／音＝斎藤一郎／出＝田中絹代、三船敏郎、沢村貞子、菅井一郎、進藤英太郎

解説　井原西鶴の「好色一代女」を溝口健二が宿願の映画化。老醜を厚化粧にかくした夜鷹お春（田中絹代）の男性遍歴の回想から始まる。封建社会の中で、お春は御殿女中、踊り子、側室、島原の太夫、商家の女中など、男から男へと運命に流されるままに生き、夜鷹におち果て、さらにどこへともなくさまよっていく。

ハイ淀川です　溝口健二の『狂恋の女師匠』を見ました。十七歳のときです。それから『日本橋』『唐人お吉』。もう私は涙いっぱいで、見とれました。サイレントです。でもフィルムはありません。溝口さんに失礼だ。女を描いて、その話し方の巧いこと。こんな監督はいませんね。

この映画、夜鷹はしょぼしょぼと、寺の横の入口の五百羅漢のところを通り抜けて帰っていきます。自分と昔、契《ちぎ》ったか恋した男たちを羅漢の顔を見ながら、思い出すんですね。そして、夜鷹が墓地を通って、一軒家の格子戸を開けます。向こうにいる三人の夜鷹らしい女が火鉢を囲んで、茶をすすりながら、「また、お茶をひいたんか」すると、「へい」と、言って、頭からかぶった手ぬぐいをパラッと取ると、無残な六十も近い女の厚化粧。次のシーンでは京都のさるお店のきれいな顔。つまり、そのきれいな娘が、今のなれの果て。この見事なファーストシーン。この語り出しで、女の運命がどうなっていったのかがわかります。田中絹代の老女の巧いこと。

遺作の『赤線地帯』でも、京マチ子が赤線の女になっていると、父が訪ねて来た。とっさに父を見て、「二階で遊んだろうか」と言った。自分の父親に。女、女、女を描いたら溝口監督は天才ですね。すごい。まさに大人だ。映画の文豪ですよ。

女、女、女を描いたら溝口監督は天才。まさに大人、映画の文豪ですよ。

ライムライト
Limelight

チャールズ・チャップリン

52／米／白黒／136分／製・監・脚・音＝チャールズ・チャップリン／撮＝カール・ストラス／音＝ラリー・ラッセル、他／出＝チャールズ・チャップリン、クレア・ブルーム、バスター・キートン、シドニー・チャップリン、ジェラルディン・チャップリン

解説　一九一四年の夏。かつてロンドンで人気のあった老道化師カルヴィロ（チャールズ・チャップリン）は、自殺を図った若い踊り子テリー（クレア・ブルーム）を救う。彼女を勇気づけるために舞台に立つが今の観客には受けない。やがて、カルヴィロの老いらくの恋は絶望的な死となって終末を迎える。アカデミー・オリジナル劇音楽賞受賞。

39

ハイ淀川です　何回お話ししたかわからないけれど、私は『ライムライト』のセットで、チャップリンに会いました。上からマイクが降りてきて、チャップリンは、
「時というものはなんて偉大な作家だろう」
という台詞を言いました。そのとき、私は涙が溢れました。白髪になったサイレントの王様がトーキーを撮っている。胸がいっぱいになってしまいました。

「ライムライト」とは、舞台の上のスターに真正面から当たる華やかなライトのことですね。チャップリンは、そのライトの中から去っていく老いた喜劇役者の役をやりました。

そして、チャップリンが死顔を見せたのは、全作品中これだけですね。もう、チャップリンは、自分の映画をあきらめたのでしょう。だから死んだんですね。

実はこの映画の撮影中、チャップリン追放の動きがあったんですね。だから、この映画には長い映画生活の最後と、私生活での、アメリカでの最後がしみ込んでいますね。足を痛めたバレリーナを愛をこめて元気づけて、ついに立派に舞台で踊らせて、チャップリンは去っていきました。

というわけで、チャップリン作品は、どれもこれも見事ですね。チャップリンは私にとって人生の師でした。映画の神様でした。どんなに教えてもらったことか。

チャップリンは、最後に死顔を見せて去っていった。

シェーン

Shane

ジョージ・スティーヴンス

53／米／118分／製・監＝ジョージ・スティーヴンス／脚＝A・B・ガスリー・ジュニア／撮＝ロイヤル・グリッグス／音＝ヴィクター・ヤング／出＝アラン・ラッド、ヴァン・ヘフリン、ジーン・アーサー、ブランドン・デ・ウィルデ、ジャック・パランス

解説　ジョージ・スティーヴンス監督の情感ゆたかな西部劇。開拓民と牧場業者が対立しているワイオミングに一人のガンマン、シェーン（アラン・ラッド）が流れてくる。そこで彼は開拓者一家の少年ジョーイになつかれ、主婦（ジーン・アーサー）とほのかな愛情の交流をおぼえ、主人とは平和のため悪と闘う意気を合わせる。主題歌が大ヒット。

40

ハイ淀川です　アメリカの開拓時代のウェスタン、同時にすごいホームドラマですね。ジョージ・スティーヴンス監督は家庭劇の名人だ。

最初、広い広い草原で、子供がライフルで鹿を狙っています。危ないと思ったら、子供は自分の口でバンバンと言っている。子供が遊んでもいいように弾が抜いてあったの。それがいいですねえ。親の子供への心遣いが出ているのね。そこへシェーンの登場ですね。遠くからたった一人で寂しいカウボーイが来た。一人で遊んでいた子供とロンリー・カウボーイの孤独と孤独の握手。そして、坊やのお母さんがシェーンを好きになっていって、独立記念祭で二人が踊る。それを柵にもたれて、淋しい顔で見ているお父っつあん。このお父っつあん、お母さん、子供、シェーンの四つが見事にドラマになっているんですね。最後はシェーンと子供が別れて、「カムバック・シェーン」で終わる。見事なファーストシーンとラストシーンです。こんなやさしいドラマの中に、シェーンと悪役のジャック・パランスとの格闘シーンも見せます。このあたりの演出のにくいこと。

私はこの作品をパラマウントの試写室で見ました。ああ、これは長谷川伸の世界だなあと思って、表に出たらロスの満月が銀色に光っていた。そして、見た人は『シェーン』の曲を口笛で吹いていましたよ。

孤独と孤独の握手。長谷川伸の世界だなあ。

終着駅

Stazione Termini/Indiscretion Of An American Wife

41

ヴィットリオ・デ・シーカ

53／米・伊／白黒／72分／製＝デヴィッド・O・セルズニック／製・監＝ヴィットリオ・デ・シーカ／脚＝チェーザレ・ザヴァッティーニ／撮＝G・R・アルド／音＝アレッサンドロ・チコニーニ／出＝ジェニファー・ジョーンズ、モンゴメリー・クリフト、リチャード・ベイマー、ディック・デイマー、ジーノ・チェルヴィ

解説　ローマのテルミニ駅を舞台にヴィットリオ・デ・シーカ監督がきめ細かな恋愛描写を見せ、ドラマの進行時間と上映時間が一致している作品。ローマの姉夫婦を訪ねたアメリカ人の人妻（ジェニファー・ジョーンズ）がイタリア青年（モンゴメリー・クリフト）の誘いにのり深い仲になる。青年は彼女の出発を引き止めに駅に駆けつける。

ハイ淀川です　この映画はイタリア、ローマ。ローマということが頭に入っていないと、面白くありませんよ。

ジェニファー・ジョーンズのきれいなアメリカの奥さんが、イタリアの青年と火遊びをしました。女のほうには子供がいる。それなのに若い男に夢中になった。これは絶対にいけないんだと思って、逃げました。ところが、イタリア青年は追いかけてきました。そして、この男がアメリカの奥さんを駅で、こっぴどく殴った。みんなの見ている前で張り倒しましたねえ。このシーンがこの映画のポイントですね。イタリアの青年は、ほんとうに純粋に恋に生きようと考えていたんですね。そして、モンゴメリーは泣きますね。

デ・シーカは、駅と列車を巧く使って、若者の悲しい恋を、その風景の中で見せました。これは別れの映画の名作ですね。

というわけで、愛の表現で、駅とか列車がよく使われますね。『昼下りの情事』では、オードリー・ヘプバーンを、ゲーリー・クーパーが汽車に引きずり込んで乗せましたねえ。『恋におちて』『逢びき』も汽車や駅を見事に使いました。『旅情』のラストもよかった。映画をただ漠然として見るのではなく、どんな形でどんな舞台で、愛が表現されているのかを見るのも、映画の楽しみ方のひとつですよ。

若者の悲しい恋。駅を巧く使った、別れの映画の名作。

七人の侍

Seven Samurai

黒澤明

54／日／白黒／207分／製＝本木荘二郎／監・脚＝黒澤明／脚＝橋本忍、小国英雄／撮＝中井朝一／音＝早坂文雄／出＝三船敏郎、志村喬、宮口精二、加東大介、津島恵子、土屋嘉男、木村功

解説　戦国時代。貧しい農村が、収穫期に野盗に襲われるのを防ぐために七人の侍を雇って村を防衛する。野生児の三船敏郎、知将の志村喬、ストイックな剣豪の宮口精二など多彩な登場人物の性格の面白さと、人馬が入り乱れての戦闘シーンが圧巻。国際的に評判となり、ジョン・スタージェス監督の『荒野の七人』をはじめ外国に大きな影響を与えた黒澤明監督の代表作。

42

ハイ淀川です　まさにアメリカ映画。もう絢爛たる映画。みなさんご存知の名作です。

　これで黒澤さんは、初めて馬を使いました。もう大騒ぎして日本中から馬を集めたんです。黒澤さんは、私と一緒でジョン・フォードの大ファンなのね。それでフォードの、あの馬の感覚、それを撮りたかったんですよ。その馬がダーッと走るところ。中井朝一のキャメラが馬と雨を見事に撮りました。

　そして、七人の侍が集まってくるところ。その七人がみんなきれいな顔ですね。といっても三船敏郎、志村喬、宮口精二、決して美男じゃありません。男の中の男の顔ですね。その男たちの顔のすごさ。日本の男の美しさに西洋人は驚いたでしょう。ウェスタンどころじゃない。と、申しましたが、七人の侍が集まってくるあたり。ジョン・フォードの『駅馬車』ですね。駅馬車が町から出発して、次から次へと人が乗ってきて、最後にジョン・ウェインのリンゴー・キッドが登場しますね。黒澤さんは、このダドリー・ニコルズのシナリオが好きだと言っていましたが、そのイメージが頭の中にあったんでしょうね。

　若い男と女のラブシーンもありますが、黒澤さんは役者にいろいろ演技させたらしいけど、このあたりもおかしい。早坂文雄の音楽が今でも耳に沁み込んでいますが、キャメラ美術も最高でした。


馬の感覚！　七人の侍が集まってくるあたりはフォードの『駅馬車』ですね。

夏の嵐

Senso

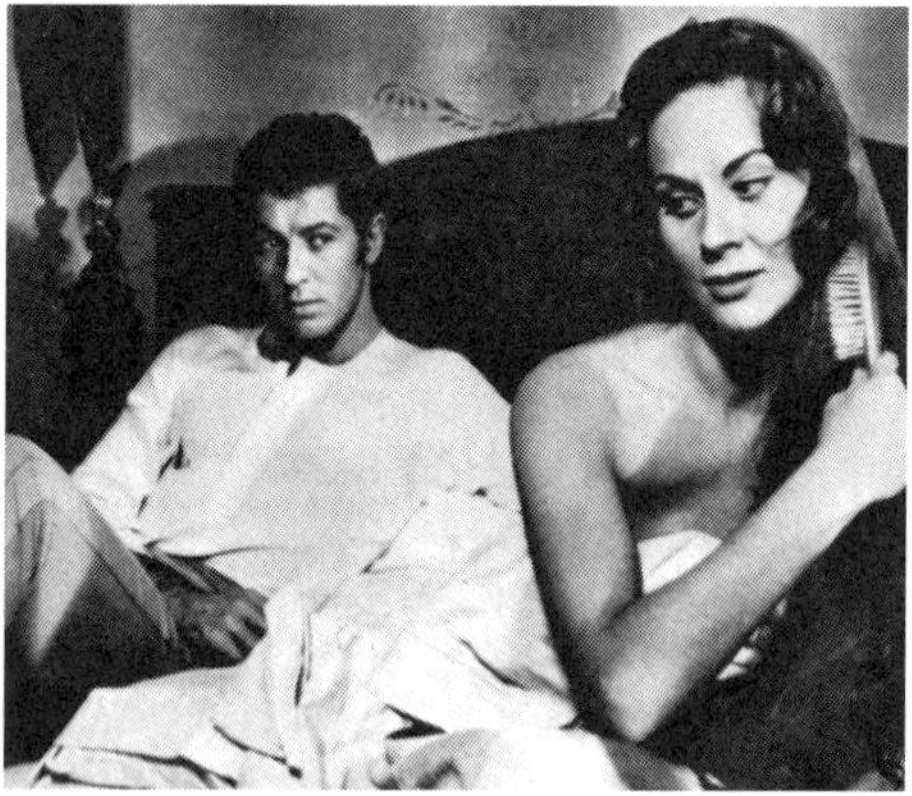

ルキノ・ヴィスコンティ

54／伊／119分／製＝ドメニコ・フォルジェス・ダヴァンツァーティ／監＝ルキノ・ヴィスコンティ／脚＝スーゾ・チェッキ・ダミーコ／撮＝ロバート・クラスカー、他／音＝アントン・ブルックナー作品／出＝アリダ・ヴァリ、ファーリー・グレンジャー、マッシモ・ジロッティ、ハイツ・モーグ、リナ・モレリ

解説　カミッロ・ボイトの小説「官能」をルキノ・ヴィスコンティ監督が映画化。イタリア統一戦争の時代。オーストリアのフランツ中尉（ファーリー・グレンジャー）は、ふとしたことで地下運動のリーダーと決闘にまで発展。リーダーのいとこの伯爵夫人（アリダ・ヴァリ）は仲介に入るが、彼女はフランツの魅力の虜になってしまう。

43

ハイ淀川です　フェデリコ・フェリーニが庶民芸術ならば、ヴィスコンティは、貴族芸術を描いて最高の監督ですね。ヴィスコンティは難しいぞ、なんて思う人もいるかもしれませんが、感覚を磨くのにはこれほどいい教材はありません。

さあ、この映画、中尉は伯爵夫人のことは好きなんだけれど、〝伯爵夫人〟という階級に憎しみをもっているのね。だから、彼女からさんざんお金を巻きあげて、逃げました。でも、彼女はつきまとい、追いかけます。馬車に乗って、泥まみれになって、男の兵舎を探し当てるあたり。女の恋の怖い一念ですね。夫人は男の部屋に入った。ところがこの男は町の女と寝ていた。夫人はもう錯乱状態になって、司令官に密告してしまいました。女って怖いですねえ。あなたもお気をつけなさいよ。彼女は城壁の下を歩いていきます。遠くのほうで、バーンという銃声。それは中尉が銃殺された音ですね。彼女はそれを知ったのか、知らなかったのか、怖い怖い、見事な幕切れでした。

というわけで、この映画は、貴族の、伯爵夫人が若者にずたずたにさいなまれる残酷さが描かれています。でも、伯爵夫人も夫のある身ですね。その人妻が若い兵士に熱をあげてしまう。不倫ですね。その狂態もあさましいなあ。ヴィスコンティは、そのあさましさの中に人間の悲哀を見つめた。そこがこの作品の見事なところですよ。

ヴィスコンティが見つめた、女のあさましさの中の悲哀。

道
La Strada

44

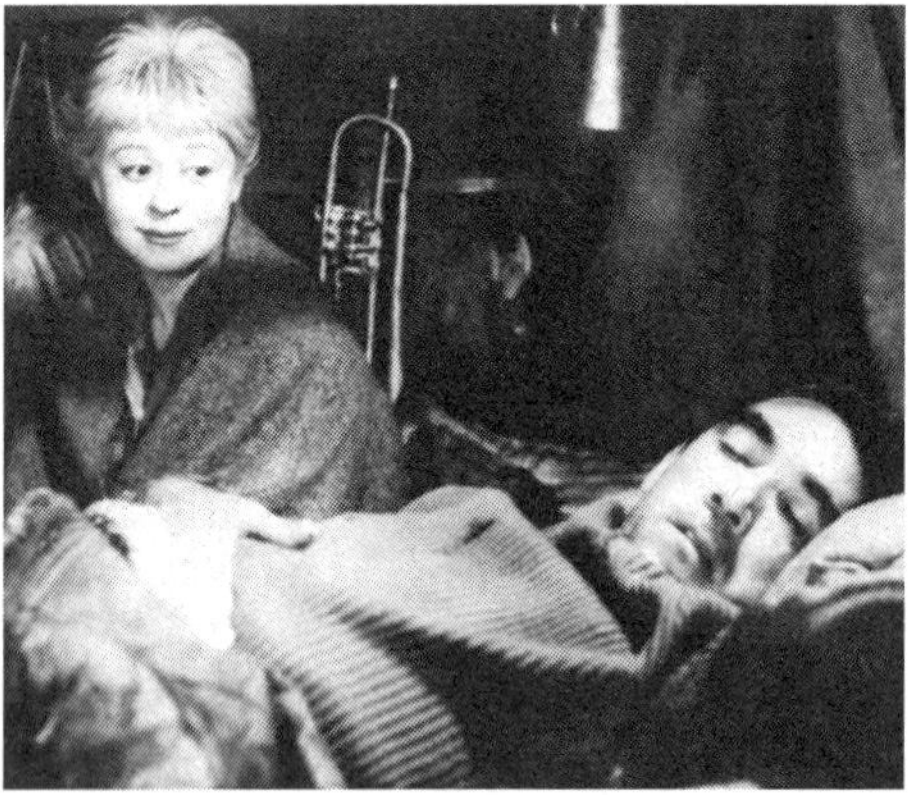

フェデリコ・フェリーニ

54／伊／白黒／107分／製＝カルロ・ポンティ、他／監・脚＝フェデリコ・フェリーニ／脚＝トゥリオ・ピネリ、他／撮＝オテロ・マルテッリ／音＝ニーノ・ロータ／出＝アンソニー・クイン、ジュリエッタ・マシーナ、リチャード・ベースハート、アルド・シルヴァーニ、マルセーラ・ロヴェーレ

解説　人間のエゴと純粋な魂を男女のしがらみを通して描いたフェデリコ・フェリーニ監督作品。大道芸人ザンパノ（アンソニー・クイン）は粗野で獣のような欲望しか持ち合わせない男。ジェルソミーナ（ジュリエッタ・マシーナ）を一万リラで買い、ボロきれのように扱い捨てる。ニーノ・ロータのテーマ曲が大ヒット。アカデミー外国語映画賞。

ハイ淀川です　フェリーニの名作ですね。あまりにも有名ですから、ごらんになった方もたくさんいらっしゃるでしょう。女のオリジナル、男のオリジナルが、こんなにはっきりと怖く出た映画はありませんね。

ジェルソミーナは、男に買われた奴隷。召使いであり、洗濯女であり、セックスの相手もする。この女は焚き火の火をじっと見つめていましたねえ。火と水が好きな女。これが女の塊りの原型。これを知っていると面白いのね。一方のザンパノは、男の塊り。この男が他の女と一緒に寝ている間、ジェルソミーナは、外で指をくわえて待っている。このあたりから、神様がこの女をこの世に与えたことがわかってきます。彼女が綱渡りの男（リチャード・ベースハート）と会ったとき、その男は小石を拾って、この石だって役立っているんだ。お前だって役立つんだよと言って、ラッパを教える。この綱渡りは天使です。ジェルソミーナは神。神が天使からラッパを教えてもらったんです。

旅先でジェルソミーナが死んだことを知ったザンパノは、波打ち際にヘナヘナとすわり込んで、両手を砂の中に突っ込んで、オイオイと泣きました。ザンパノは、彼女が死んで初めて、孤独、人間愛を知る。このラストシーン、見事でした。あの、ジェルソミーナの歌とともに、忘れられませんね。まさに名作とはこれ！　映画史上に永遠に残るでしょう。

ジェルソミーナは神。綱渡りの青年は天使です。

エデンの東

East Of Eden

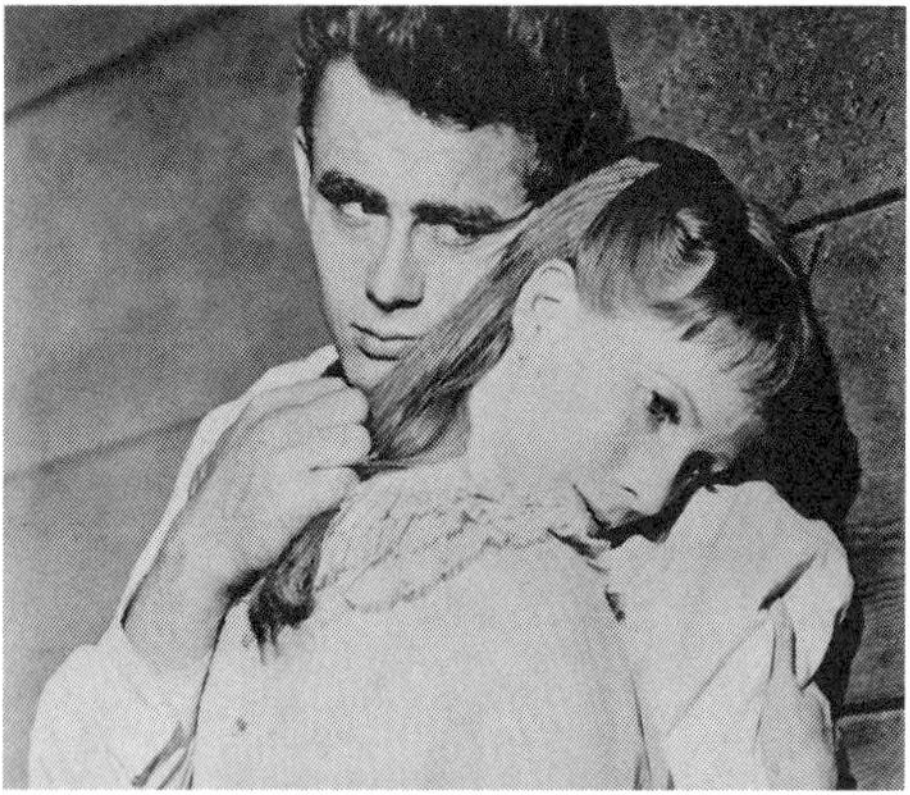

エリア・カザン

55／米／115分／製・監＝エリア・カザン／脚＝ポール・オズボーン／撮＝テッド・マッコード／音＝レナード・ローゼンマン／出＝ジェームズ・ディーン、レイモンド・マッセイ、ジュリー・ハリス、リチャード・ダヴァロス、ジョー・ヴァン・フリート

解説　二十四歳の若さで急逝したジェームズ・ディーンの初主演作。カリフォルニアの農場主アダムには二人の双児の息子がいるが、兄のアーロン（リチャード・ダヴァロス）への信頼があついため弟のキャル（ディーン）は悩み屈折していく。ジョン・スタインベックの「旧約聖書」を題材にした小説をエリア・カザン監督が大胆に映画化。テーマもメロディも大ヒットした。

45

ハイ淀川です　この映画はなんとも知れん子供っぽい純情が溢れた、エリア・カザン監督の見事な名作ですね。キャルは、秀才型のお兄さんの彼女（ジュリー・ハリス）を愛してしまったけれど、好きだとは言えないのね。その彼女とお兄さんが氷室の中で抱き合う。それをじっと見ているキャルの感覚、忘れられないシーンです。

キャルは、別れたお母さんを探して会いに行きました。でも、お母さんはやさしい言葉もかけないで、お父さんのところに帰れと言った。キャルが泣きながら帰るあたり。哀れな青春が見事に出ましたねえ。お父さんに叱られて、冷たい顔でにらまれたとき、キャルが飛び出して、木の下で声を出して男泣きするあたり。ディーンの演技は見事です。

私がこの映画を試写で見たのは昭和三十三年。たまたま木下惠介監督と一緒に見たんですね。そのとき、木下さんは、

「ああいう俳優を持った監督は幸せだなあ」

と、おっしゃいましたが、私もディーンの新鮮さにびっくりしました。ワーナーはディーンを青春スターとして、売ろうとしたんですが、そうこうしているうちに亡くなってしまった。ですから、この映画が日本で公開されたときは、ディーンはこの世にいなかったんですね。二十四歳の若さでした。ほんとうに忘れられない作品です。

ジェームズ・ディーンの男泣き、新鮮さ、演技の見事だったこと！

旅情
Summertime

46

デヴィッド・リーン

55／英／100分／製＝アレクサンダー・コルダ、イリヤ・ロバート／監・脚＝デヴィッド・リーン／脚＝H・E・ベイツ／撮＝ジャック・ヒルドヤード／音＝アレッサンドロ・チコニーニ／出＝キャサリン・ヘプバーン、ロッサノ・ブラッツィ、イザ・ミランダ、ダレン・マッガヴィン、マリ・アルドン

解説　水の都ヴェニスを舞台に、つかの間の恋に身を焼くアメリカ中年女の哀しさをうたったデヴィッド・リーン監督のラブストーリー。長い秘書生活で婚期を逃したジェーン（キャサリン・ヘプバーン）は憧れのヴェニスにやってくる。そんな彼女に妻と別居中のレナート（ロッサノ・ブラッツィ）が急接近。主題歌「サマータイム・イン・ヴェニス」が大ヒット。

ハイ淀川です　キャサリン・ヘプバーンの中年の女が、イタリアの中年男、ロッサノ・ブラッツィからガーディニアの花を買ってもらいますね。女のほうは、こんなことは一度もなかったので、（まあ、うれしいなあ。うれしいなあ）と、喜んで、満月の晩にデートしたら、橋の欄干から花を落してしまった。男は川に飛び込んだらいいのに、そうはしなかったのね。これがこの映画の愛の訣別の暗示なんですね。このシーンがわかると、ラストシーンの花がもっとわかるようになりますねえ。

女は男と別れて、汽車に乗る。

（あの人は来ないなあ。別れたらこんなに水臭いのかしら。あの人は、そんな人だったのかしら）と、思っていると、汽車が動いた。

すると、男が駅のホームの向こうから走ってきた。走ってきた。

（うれしいなあ。やっぱり、来てくれた）と、思っていると、男は白い小箱を持っていたんだけど落しちゃった。小箱の中からガーディニアの花が一輪。

（あなたの愛がわかりました）という見事な幕切れになりますね。デヴィッド・リーンは、中年の恋の哀しさを花を使って見事にみせました。これでもしも、あの男がプレイボーイだったら、汽車に飛び乗っていたかもしれませんね。

ガーディニアの花は愛の訣別の暗示。

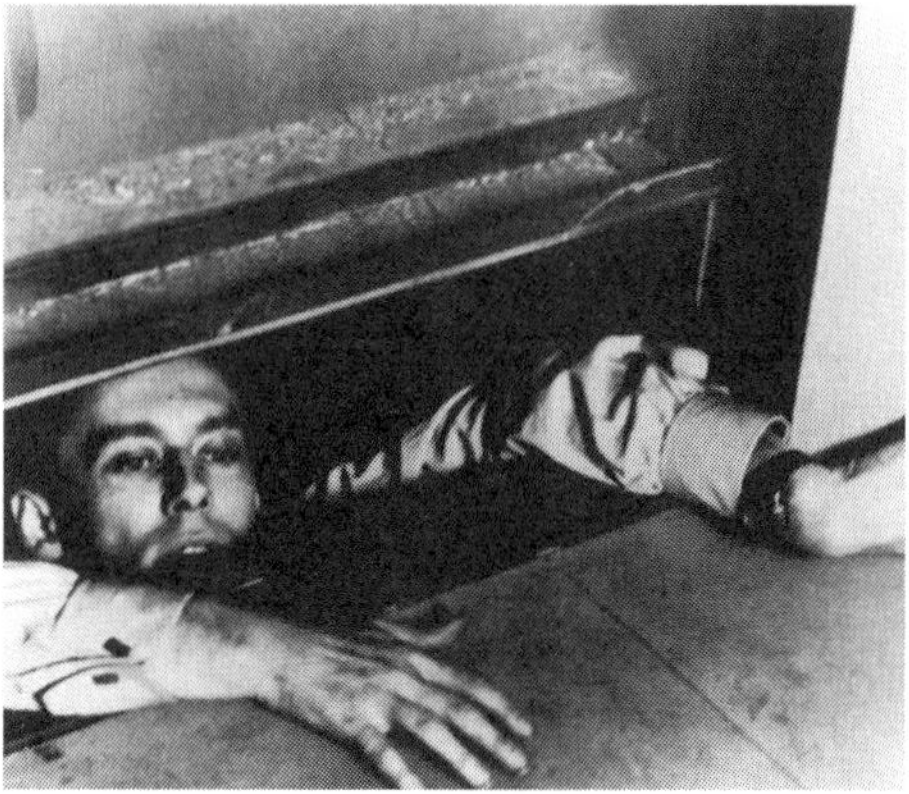

死刑台のエレベーター

Ascenseur Pour L'Echafaud

47

ルイ・マル

57／仏／白黒／92分／製＝ジャン・スイリエール／監・脚＝ルイ・マル／脚＝ロジェ・ニミエ／撮＝アンリ・ドカエ／音＝マイルス・デイヴィス／出＝ジャンヌ・モロー、モーリス・ロネ、リノ・ヴァンチュラ、ジョルジュ・プージュリー、ジャン・ヴァール

解説　ヌーヴェル・ヴァーグの旗手、二十五歳のルイ・マル監督の処女作で、二つの殺人事件を微妙に絡ませながら完全犯罪が徐々に崩れていくサスペンス映画。社長夫人（ジャンヌ・モロー）と密通している技師（モーリス・ロネ）は社長を射殺し自殺に偽装。エレベーターで逃げるが途中で止まってしまう。音楽はジャズの巨人マイルス・デイヴィスのミュートが効いたトランペット。

ハイ淀川です　ジャンヌ・モローの若奥さんが、夜の公衆電話で甘ったらしい声を出して、「あなた好きなのよ。あなたを愛しています」

と、言って始まるファーストシーンがいいねえ。この愛の告白のすごいこと。さあ、この奥さんに夫殺しを頼まれたモーリス・ロネは、その社長を完全無欠に殺しちゃった。うまくいった。エレベーターに乗りました。ところがビルの管理人がスイッチを切ってしまったので止まってしまった。困った。外には車を用意していた。ところがアプレの男の子と女の子がその車を盗んじゃった。その奥さんは夜の街を歩く。そのときのマイルス・デイヴィスのジャズの演奏。そのムード。奥さんは夜の女と間違えられて警察に引っ張られる。一方のチンピラの二人は、ドイツ人の金持ちをモーテルで殺しちゃう。

というわけで、この映画は、モーリス・ロネが閉じ込められたエレベーターの中、留置所に入る女、殺人を犯した若い男と女、この三つの事件が同時進行していくあたり。これはD・W・グリフィスの『イントレランス』と同じなのね。最後の最後、奥さんの「あなたを愛しているわ」という台詞で終わる。初めと終わりが同じなのね。身の毛がよだつようなこのラブストーリー。監督のルイ・マルは二十五歳でこんな映画をつくりました。その巧さに私は脱帽しました。

最初と最後の台詞が「あなたを愛しているわ」。

48

戦場にかける橋

The Bridge On The River Kwai

デヴィッド・リーン

57／英／155分／製＝サム・スピーゲル／監＝デヴィッド・リーン／脚＝カール・フォアマン、マイケル・ウィルソン／撮＝ジャック・ヒルドヤード／音＝マルコム・アーノルド／出＝アレック・ギネス、ウィリアム・ホールデン、早川雪洲、ジャック・ホーキンス、ジェフリー・ホーン

解説　フランスの作家ピエール・ブールの小説をデヴィッド・リーン監督が映画化。第二次大戦下、日本軍捕虜収容所の斎藤大佐（早川雪洲）はタイとビルマを結ぶ鉄道完成のためクワイ河に鉄橋を建設する命令を受け、日本軍と英兵捕虜は架橋建設のために一致協力するが…。アカデミー作品、監督、主演男優など七部門受賞。音楽「クワイ河マーチ」も大ヒット。

ハイ淀川です　デヴィッド・リーンの几帳面さが出た名作です。

単なる戦争活劇じゃありませんね。戦争というものの怖さ。むなしさを訴えています。早川雪洲の日本軍捕虜収容所長は、捕虜のイギリス軍士官大佐のアレック・ギネスに工事をやらそうと命令しますね。このシーンが面白いなあ。まるで歌舞伎の『勧進帳』ですね。アレック・ギネスのイギリス人の軍人魂、ウィリアム・ホールデンのアメリカ軍人のおっちょこちょいのヤンキー気質、日本兵隊の忠義さ。これが見どころです。男、男の匂いがプンプンしているところがたまりませんね。それと捕虜収容所に送られてくるイギリス兵隊が口笛で吹く「クワイ河マーチ」の見事なこと。今でも耳に残っています。

実はアレック・ギネスのこの役。初めはチャールズ・ロートンだったんです。ロートンと早川雪洲だったら、べたべたして、甘ったるくなるというので替えたの。それで成功したんです。

お若い方は、早川雪洲をご存知ないかもしれませんが、この人、若いころはハリウッドの美男大スター。その第一号だったんですよ。セシル・B・デミル監督の『チート』で人気が出ました。アメリカの女性は、早川雪洲を見るのに、映画館に白粉をつけて出かけたんです。日本というよりも、世界を舞台に活躍したスターでしたね。

イギリス人の軍人魂、アメリカ軍人のヤンキー気質、日本兵の忠義さが面白い。

大いなる西部

The Big Country

ウィリアム・ワイラー

58／米／167分／製＝グレゴリー・ペック／製・監＝ウィリアム・ワイラー／脚＝ジェームズ・R・ウェッブ、ロバート・ワイラー、他／撮＝フランツ・プラナー／音＝ジェローム・モロス／出＝グレゴリー・ペック、チャールトン・ヘストン、キャロル・ベイカー、ジーン・シモンズ、チャールズ・ビックフォード

解説　ウィリアム・ワイラー監督の『西部の男』以来、十八年ぶりの西部劇で原作はドナルド・ハミルトン。マッケイ（グレゴリー・ペック）は牧場主テリルの娘パット（キャロル・ベイカー）と結婚するために東部からやってくるが、テリル家とヘネシー牧場は水源地をめぐって対立している。大いなる西部への賛歌をうたいあげた作品。

49

ハイ淀川です　ウィリアム・ワイラー。この人、『我等の生涯の最良の年』『女相続人』『探偵物語』『ローマの休日』『必死の逃亡者』の監督です。どれもこれも一級品ばかりの名作。見事な名人芸をもっていますねえ。

そのワイラーが撮った『大いなる西部』。これは言ってみれば、シェイクスピアの西部劇。保安官や、ならず者が出てきて、決闘する並の西部劇ではありません。

どんなところがすごいのか。西部に住む両家の争いは水なんですね。西部で大事なものは拳銃でも馬でもない。ほんとうに大切なものは水なんだということを語っているところが面白いのね。西部のほんとうの生活を見せました。これまでこんな西部劇はなかった。

牧場主の娘、キャロル・ベイカーのところに東部からグレゴリー・ペックの美男子が結婚相手としてやってきます。ところが子供のころから、この牧場で育ったカウボーイのチャールトン・ヘストンは、彼女のことが好きだったから、焼きもちを焼いて相手を馬鹿にする。とうとうこの二人が格闘する。そのシーンがすごい。見せ場ですね。

でも、この作品の命、ほんとうの狙いは開拓精神の教え。水がいかに大事なものであるかです。ワイラーは面白い西部劇、というよりドラマをつくりました。それにしてもテキサスがいかに広いことか。

開拓精神の教え。水がいかに大事かを語る西部劇。

大人は判ってくれない

Les Quatre Cents Coups

50

フランソワ・トリュフォー

59／仏／白黒／99分／製・監・脚＝フランソワ・トリュフォー／脚＝マルセル・ムーシー／撮＝アンリ・ドカエ／音＝ジャン・コンスタンタン／出＝ジャン＝ピエール・レオ、クレール・モーリエ、アルベール・レミー、キイ・ドゥコンブ、ジャンヌ・モロー

解説　二十七歳のヌーヴェル・ヴァーグの旗手フランソワ・トリュフォー監督の自伝的作品でデビュー作。十二歳のアントワーヌ（ジャン＝ピエール・レオ）はせまいアパートで口うるさい母（クレール・モーリエ）と無神経な父（アルベール・レミー）と三人暮らし。家庭も学校も面白くない。やがて彼は非行に走り少年院に送られる。

ハイ淀川です　トリュフォー映画でおなじみのジャン＝ピエール・レオが主演しているんです。この人がまだ若いころ、初めて映画に出ました。

十三歳の男の子。パリの下町ですね。両親が共稼ぎしている。ある日、お母さんが他人のおじさんと接吻しているのを見てしまった。十三歳のころ、そんなシーンを見たらたまったものじゃありませんね。学校の先生に叱られたとき、昨日、お母さんは死んじゃったと言ったんですね。親への憎しみがパッと出ちゃう。お母さんは呆っ気にとられて、この子、少年院に追いやられてしまいます。そこからこの少年がどうなっていくのか。痛ましい受難が始まります。

そして最後の最後、少年は少年院にいられなくなって、孤独になって逃げていく。この少年の姿を追うアンリ・ドカエのキャメラのすごいこと。どんどん走る。どんどん走る。大きな海のところに出た。もう行くところがないと思ったら、その子が後ろ向いて、どうしたらいいんだろうという顔になり、ストップモーションになった。神経が止まっちゃった。この怖いラストシーン。私が見た映画の中でチャップリンの『街の灯』と、この映画のラストは、ずっと焼きついています。この映画は、映画のほんとうの詩。映画史上に残る名作です。ハンカチを持って、この映画をごらんなさいよ。

『街の灯』とともに忘れられない、ラストシーンのストップモーション。

太陽がいっぱい

Plein Soleil

51

ルネ・クレマン

59／仏・伊／117分／製＝ロベール・アキム／監・脚＝ルネ・クレマン／脚＝ポール・ジュゴフ／撮＝アンリ・ドカエ／音＝ニーノ・ロータ／出＝アラン・ドロン、モーリス・ロネ、マリー・ラフォレ、エルヴィール・ポペスコ、エレノ・クリザ

解説　原作はパトリシア・ハイスミスの『リプリー』。貧乏なアメリカ青年トム（アラン・ドロン）は自分をいじめぬく友人フィリップ（モーリス・ロネ）に憎悪を持つ。そして、ヨット遊びで婚約者（マリー・ラフォレ）とセックスにふけるのを見て殺意をいだく。ルネ・クレマン監督がヌーヴェル・ヴァーグに挑戦したサスペンス・スリラーで、ニーノ・ロータの主題曲が評判になった。

ハイ淀川です　一般の人はただのスリラーと思うでしょうが、違うの。もっと怖い。ホモセクシャルの映画ですよ。私はおませだから、いっぺんに見抜いちゃいました。

これは、ないもの同士の男と男の話。金持ちの坊っちゃんのモーリス・ロネは、貧乏なアラン・ドロンをいじめていくうちに愛になっていくね。ヨットで二人が港に帰ってきた。ふつうなら貧乏人が先に飛び下りて、そのヨットを引っ張るでしょう。ところが二人は肩をそろえて降りた。一瞬のシーン。二人は怪しい。すぐにわかっちゃうのね。

ヨットの上で、ドロンが坊っちゃんを殺すところ。坊っちゃんが仕掛けたのね。あいつが俺を突いたら、エクスタシーを感じるかもしれない。ドロンは引っ掛かったの。これは男同士の最高のラブシーン。

ドロンは、ズックの帆に死体を包んで、海に放り込んだ。でも、その死体は紐がついたままついてくる。ついてくる。怖いなあ。これは愛する男といたいという愛の執念。船が港に着いて死体も着いた。紫色の腐ったロネの手と、ワインを飲むドロンの手。これは愛の握手。二人は心中したのね。警察から電話がかかってきたところで終わるけど、ドロンも死刑になるでしょう。怖い怪談だ。こうした映画を舌なめずりして見られるようになったら最高ですよ。

私はおませだから、いっぺんに見抜いちゃいました。

甘い生活

La Dolce Vita

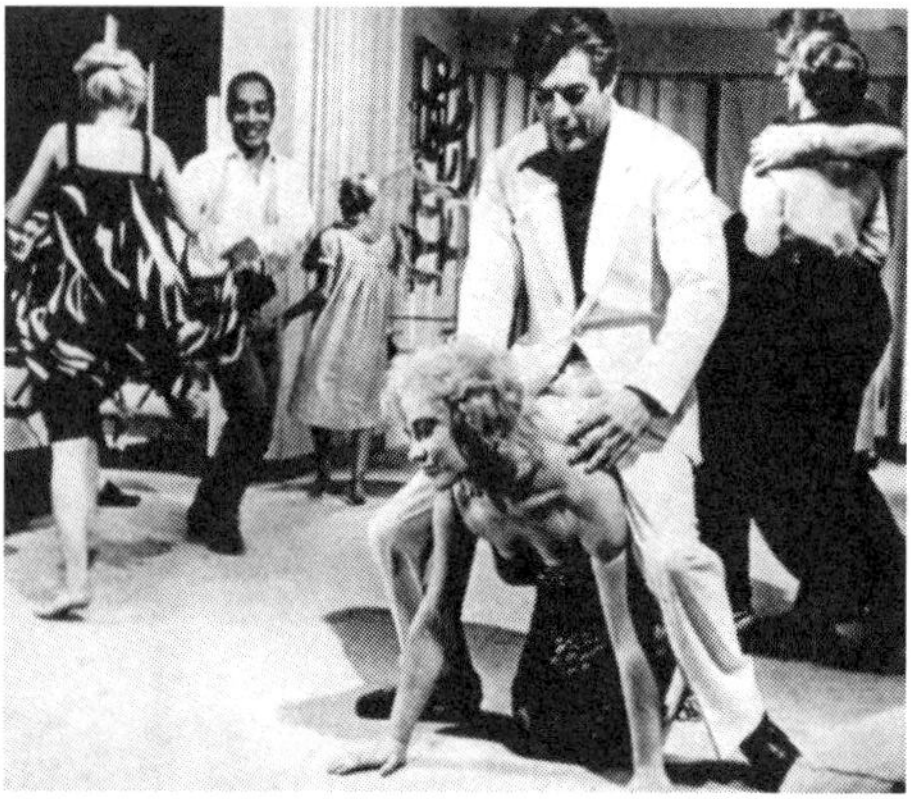

フェデリコ・フェリーニ

60／伊・仏／白黒／174分／製＝ジュゼッペ・アマート／監・脚＝フェデリコ・フェリーニ／脚＝エンニオ・フライアーノ、トゥリオ・ピネッリ、他／撮＝オテロ・マルテッリ／音＝ニーノ・ロータ／出＝マルチェロ・マストロヤンニ、アニタ・エクバーグ、アヌーク・エーメ、アラン・キュニー、バーバラ・スティール

解説　作家志望のマルチェロ（マストロヤンニ）はゴシップ記者になりさがり、富豪の娘（アヌーク・エーメ）と情事、ハリウッドの映画女優（アニタ・エクバーグ）と夜明けまで騒ぐが空しい。フェリーニがローマの上流社会の退廃をニーノ・ロータのメロディにのせて描く。カンヌ映画祭グランプリ受賞。

52

ハイ淀川です　ローマの空を低くヘリコプターが飛んでいきますねえ。よく見ると、教会におさめるキリスト像を鎖で吊るしている。それはあたかも腐りきったローマを見下ろしているようでした。このファーストシーンの見事だったこと。

マストロヤンニの三文記者は、〝甘い生活〟になりさがっているんですね。お金持ちの娘とホテルに泊まったり、アニタ・エクバーグが扮するハリウッドのグラマー女優とは乱痴気パーティですね。それに同棲している女からは精力をつけるために卵ばかり食べさせられたりする。派手に派手に遊んで人間の屑のようになっていくあたりは怖いですね。

ラストの海岸に打ち上げられた大きな魚はそんな連中の象徴でしょうが、これはイタリアのモダン。フェリーニはイタリアン・リアリズムに反抗して、見せること、ショーの楽しさ、美しさで盛りあげました。まるでセシル・B・デミル監督のような語り口で人生を描いているあたりが面白いのね。名人芸でした。

その後、フェリーニは八七年に『インテルビスタ』を撮りました。これはフェリーニ映画の楽屋裏。その中に六十三歳になったマストロヤンニと、五十六歳のエクバーグが出てきたので、びっくりしました。エクバーグは太った太ったおばさんになっていた。『甘い生活』の有名な噴水のシーンも出しました。フェリーニは面白い使い方をしましたね。

イタリアン・リアリズムに反抗した、デミルの語り口で見せるモダン！

かくも長き不在

Une Aussi Longue Absence

アンリ・コルピ

60／仏／白黒／98分／製＝クロード・イエーガー、他
監＝アンリ・コルピ／脚＝マルグリット・デュラス、他／
撮＝マルセル・ウェイス／音＝ジョルジュ・ドルリュー／
出＝アリダ・ヴァリ、ジョルジュ・ウィルソン、ジャック・アルダン、ディアナ・レプブリエ、カトリーヌ・フォントネー

解説　同じマルグリット・デュラス原作の『二十四時間の情事』の名編集者アンリ・コルピの監督デビュー作。パリ郊外でカフェを営むテレーズ（アリダ・ヴァリ）は、店に立ち寄った浮浪者（ジョルジュ・ウィルソン）が戦争中ナチに拉致されたまま帰らなかった夫にそっくりなのに驚くが、男は記憶を喪失していた。テレーズは彼の記憶を呼び戻そうとする。カンヌ映画祭グランプリ。

53

ハイ淀川です　この映画、なんとも知れん残酷な愛ですね。

ある日、店先でテントを張っていたときに、男が来ました。間違いもない主人！　顔を見たのになんの反応もありません。奥さんは男のあとをつけました。男は川岸の汚いトタン屋根のボロ小屋の中に入って、細いベッドに靴をはいたまま寝ました。キャメラはそれをじっと捉えますけれど、顔じゃない、手を捉えました。あの手。わたしを抱いてくれた手。それをじっと奥さんが見ているところ、フランス映画の感覚ですね。

そして、この奥さんは、男をカフェに呼んでご馳走してやりました。それでも思い出してくれない。もうたまらなくなって、ずっと前に二人で踊った思い出の曲のレコードをかけました。踊っているときに、この奥さんは鏡を見ました。夫の首筋の上のほうに三日月型のキツイ傷跡があった。これだ！　この傷がすべての過去をもぎとったんだというあたり。男が外に出たとき、夫の名を呼んだら、その男は両手を上げた。塹壕の中で敵に捕らえられたかと思ったのね。そのとき、トラックが来て、下敷きになった。妻を意識できないまま死んでしまった。というわけで、この映画、戦争の苦しみをなんの戦場場面も見せないで描き、また、残酷にこの夫婦の愛の姿を描きました。アリダ・ヴァリの名演。こんなきれいな見事な反戦映画はありませんね。見事な名作です。

残酷な愛の姿を描いた、きれいで見事な反戦映画。

処女の泉

Jungfrukällan

54

イングマール・ベルイマン

60／スウェーデン／白黒／88分／製＝アラン・エーケルンド／製・監＝イングマール・ベルイマン／脚＝ウラ・イサクソン／撮＝スヴェン・ニクヴィスト／音＝エリック・ノルドグレン／出＝マックス・フォン・シドー、ビルギッタ・ペテルスン、ビルギッタ・ヴァルベルイ、グンネル・リンドブロム、トル・イセダル

解説　中世の北欧伝説をイングマール・ベルイマン監督が映画化。十六世紀、スウェーデンの寒村。豪農トーレ（マックス・フォン・シドー）の娘カーリン（ビルギッタ・ペテルスン）は教会に行く途中、三人の無頼漢に犯され殺されてしまう。トーレは男たちを殺し復讐を果たすが、罪の意識に苛まれる。アカデミー外国語映画賞受賞。

ハイ淀川です　イングマール・ベルイマンは、牧師の子として生まれました。だから、子供のころから、神とは？　人間とは何か？　が、もう宿命のように身についていたんでしょうね。さあ、この作品は、性欲がもっとも残酷な形で描かれた名作です。

娘のカーリンが森の中で、中年男と若者と少年の三人に襲われるシーン。その暴行は見るに耐えられないほどの恐ろしさです。娘の両股を開かせて、それに乗りかかる男。娘の両手を押さえつける男。犯したあとで、二人の男が棍棒で殴り殺してしまいました。雪が降ってくる。その雪が全裸の無残な娘の体にふりそそぐ。

娘が家に帰ってこないので、お父さんは心配して心配して、捜して、やっとこの森で変わり果てた娘を見つけました。泣き崩れましたね。

「この世に神はあるのか。神はなぜ、かかる無残を許されたのだ」

と、叫びました。

そのとき、死んだ娘の首の下の地面から水が湧き出しました。お父さんはここに教会を建てることにしたんですけれど、このシーンの見事なこと。神々しい美しさ。

死にとりつかれた男のもがきを描いた『第七の封印』もすごかったけれど、この映画はもっと厳しい。人間の哀れさと神の問題をベルイマンは追求しました。


性欲がもっとも残酷に描かれた、神の問題を追求するベルイマンの傑作。

素晴らしい風船旅行

Le Voyage En Ballon

55

アルベール・ラモリス

60／仏／83分／製・監・脚＝アルベール・ラモリス／撮＝モーリス・フェル、ギイ・タバリー／音＝ジャン・プロドロミデス／出＝アンドレ・ジル、パスカル・ラモリス、モーリス・バケ、ジャック・レモン

解説　『白い馬』や『赤い風船』で詩情ゆたかな映画詩をみせたアルベール・ラモリス監督の長編第一作。老科学者（アンドレ・ジル）は大空漫歩用の気球を発明し、孫の少年（パスカル・ラモリス）と一緒に北フランスのノールから飛びたち気球の旅に出る。大空から見おろした地球の広大な美しさと楽しさがいっぱいの冒険旅行。

ハイ淀川です　私はこの監督が大好きです。

さあ、気球が出来上がって、おじいちゃんと少年は気球に乗って上がっていきます。このシーン。音が入っていません。ここが粋なんですね。ジェット機の音。街の車の音。そんな音の中で堕落してしまった私たちにこんな乗り方もあるんですよ。音とかスピードの乗り物に乗ってばかりいないで、景色を楽しむ旅行を忘れていませんかと教えているのね。

赤と黄の縞模様の気球。まるで大きなドロップ。二人はどんどん上がっていく。地上を見ると、自動車が走る。人が動いている。それはまるで海底の珊瑚礁の間を魚が泳いでいる感じがしますねえ。また、大きな鹿がハンターに追いかけられている。可哀相だ。少年が気球の中から、「そっちに行ったらダメだよ。左の道に逃げるんだ」と、言ったら、鹿はその声が聞こえたかどうかはわかりませんが、ちゃんと左へ曲ったりする。

ある村で洗濯物が風で飛ばされました。気球から見ると、それは空飛ぶ天使。白いシャツがダンスする感じ。白鳥がいるなあと思ってよく見ていたら、それが真っ青な海に浮かぶヨットだったりして、まさに空の詩。アルベール・ラモリスは映画詩人でした。

でもこの人、撮影中にヘリコプターが落ちて、亡くなってしまいました。まだ四十八歳だったんですね。

これはまさに空の詩。アルベール・ラモリスは映画詩人でした。

ウエスト・サイド物語

West Side Story

56

ロバート・ワイズ、ジェローム・ロビンス

61／米／151分／製＝ソール・チャップリン／製・監＝ロバート・ワイズ／監＝ジェローム・ロビンス／脚＝アーネスト・レーマン／撮＝ダニエル・L・ファップ／音＝レナード・バーンスタイン／出＝ナタリー・ウッド、リチャード・ベイマー、ジョージ・チャキリス、リタ・モレノ、ラス・タンブリン

解説　ニューヨークのスラム街でイタリア系のジェット団とプエルトリコ系のシャーク団が対立。ジェット団の元団長トニー（リチャード・ベイマー）とシャーク団のボス（ジョージ・チャキリス）の妹マリア（ナタリー・ウッド）が恋におちたことから悲劇が起こる。アカデミー作品賞、監督賞など十部門受賞のミュージカル超大作。

ハイ淀川です　これはニューヨークのお話ですね。ファーストシーンは、セントラルパークの俯瞰撮影。キャメラは移動していますが、誰もいない。テニスコート、大きな広場、シンフォニーホール。全部がイタリアみたいな感じがしますけれど、そのキャメラの美しいこと。そこから本題に入って、現代の〝ロミオとジュリエット〟が始まっていきますね。

今までのミュージカル映画というのは、『王様と私』もそうでしたが舞台本位。舞台のまま見せました。ところがこの映画は違うんですね。外へ飛び出していく。ここが見どころですね。ダンス、ダンス、ダンスのすごいこと。手の動き、足の動き、腰の動きが細かくカット割りされていて、映画自身がダンスをしている感じなのね。そのリズム感。ニューヨークの街そのものが舞台なんですね。見ていると、まるで自分の手で、自分がダンスに触れて、踊っているような感じになるんです。

私も随分、ミュージカル映画を見てきましたけれど、こんな映画は初めて見ました。びっくりして、いいなあ、面白い映画ができたなあと思いました。ミュージカル映画の革命と言ってもいいでしょう。この映画を見たら、アカデミー作品賞、監督賞など総ナメにしたことがおわかりいただけると思います。ジェローム・ロビンス監督は振付もしましたが、まさに永遠の名作ですね。

映画自身がダンスする、ニューヨークの街そのものを舞台にしたミュージカル映画。

突然炎のごとく

Jules Et Jim

57

フランソワ・トリュフォー

61／仏／白黒／108分／製＝マルセル・ベルベール／監・脚＝フランソワ・トリュフォー／撮＝ラウール・クタール／音＝ジョルジュ・ドルリュー／出＝ジャンヌ・モロー、オスカー・ウェルナー、アンリ・セール、マリー・デュボワ、ヴァンナ・ユルビノ

解説　オーストリア青年ジュール（オスカー・ウェルナー）とフランス青年ジム（アンリ・セール）は無二の親友。二人ともカトリーヌ（ジャンヌ・モロー）に魅了されるが、ジュールが彼女と結婚してしまう。ヌーヴェル・ヴァーグの旗手フランソワ・トリュフォー監督が男二人と女一人の愛の心理を繊細なタッチで描く。

ハイ淀川です　トリュフォーほど、愛、恋にしがみついて映画をつくり続けた監督はいませんね。たとえば、『黒衣の花嫁』は復讐を貫く女の一念。『恋のエチュード』は狂気の恋でしたね。

この映画の愛もすごかった。ジュールとジム。二人の男。この親友同士が同時に一人の女を愛しました。いずれも真剣だったから悩んだんです。でも、ジュールは彼女と結婚して、二人の間に女の子ができた。その娘が六歳になったとき、ジムがひょっこりジュールを訪ねてきた。男二人は抱き合った。そして、彼女はジムをドライブに誘って、車は橋から落ちて、二人とも死んでしまった。それもジュールの見ている目の前でですね。

ジュールは二人を火葬して、二人の骨壺を両手に持って、

「二人の骨は一つの壺に入れたほうがよかった」

と、つぶやくあたり。トリュフォーは絹糸さながらの恋の糸の美しさと、その糸のあやうさを映画詩を歌うように描きました。秋の雨のごとき映画でトリュフォーの名作です。

というわけで、トリュフォーは『大人は判ってくれない』の、あの少年の愛のもがきをずっと持ち続けて、愛の飢えをチャップリンとは違った形で、フランス人らしく感じて映画をつくっているような気がしてなりませんね。

絹糸のような恋の糸の美しさ、あやうさを描いた、トリュフォーの映画詩。

58

アラビアのロレンス

Lawrence Of Arabia

デヴィッド・リーン

62／英／202分・完全版226分／製＝サム・スピーゲル／監＝デヴィッド・リーン／脚＝ロバート・ボルト／撮＝フレディ・A・ヤング／音＝モーリス・ジャール／出＝ピーター・オトゥール、アレック・ギネス、オマー・シャリフ、アンソニー・クイン、ジャック・ホーキンス

解説　第一次大戦中、ドイツと同盟を結んだトルコを牽制するため、イギリス陸軍中尉T・E・ロレンス（ピーター・オトゥール）は砂漠に向かいアラブ軍に反乱を起こさせ、アラブの王子（アレック・ギネス）らの奮闘でトルコ軍を撤退に追い込む。ロレンスの苦悩と挫折を雄大なスケールで描きアカデミー作品賞、監督賞など七部門受賞。

ハイ淀川です　これはイギリスの英雄トーマス・エドワード・ロレンスの半生を、デヴィッド・リーンが見事に描いた大作ですね。

ファーストシーンはロレンスの葬式。この男は英雄なのか、俗物なのか。映画は壮麗な音楽にのって、彼の人間像を追求する本題に入っていきます。この出だしの見事なこと。

皆さんは映画を見終わって、ロレンスがどんな人間なのか、お考えになりましたか。

ハイ。実はロレンスはホモセクシャルなんですよ。軍の上官から、「ロレンス君、アフリカに行ってくれないか」と、命令され、敬礼して後ろに下がったとき、彼はコーヒー茶碗をひっくり返しました。この男、常識外れというか、子供っぽいというか、なんとも知れん変わった匂いを出しましたね。見渡す限りの砂漠をらくだで行って、案内人の土着民のひとり（オマー・シャリフ）とテントで寝るあたり。砂漠の第一夜からホモを匂わせます。ロレンスは潔癖に育って、内気でものが言えない。だから軍人に憧れたんですね。そしてロレンスがいちばん信用したのは、アラビアの太陽と汚れなき砂。これほど純粋なものはないと思ったんですね。ロレンスのような考え方を持っている方はホモセクシャルなんですね。壮大なドラマとして見事な作品ですが、ロレンスの人間像をじっとごらんなさい。このロレンスを演じたピーター・オトゥールの生涯の代表作でした。

アラビアの太陽と汚れなき砂の純粋。ロレンスはホモセクシャルなんですよ。

奇跡の人
The Miracle Worker

59

アーサー・ペン

62／米／白黒／103分／製＝フレッド・コー／監＝アーサー・ペン／脚＝ウィリアム・ギブソン／撮＝アーネスト・カパロス／音＝ローレンス・ローゼンタール／出＝アン・バンクロフト、パティ・デューク、ヴィクター・ジョリー、アンドリュー・プライン、ベア・リチャーズ

解説　アラバマ州の大地主の娘ヘレン（パティ・デューク）は、生まれたばかりで熱病にかかり、目、耳、口が不自由な三重苦の少女。全盲の経験を持つアニー・サリバン（アン・バンクロフト）が家庭教師になり、わがまま放題の彼女に人間の心をうえつけようと献身的な努力を続ける。アンがアカデミー主演女優賞、パティが助演女優賞。

ハイ淀川です このヘレンは、なんでも手で食べる。スプーンを渡しても投げてしまう。また持たせるとまた投げる。サリバン先生が無理やり押えつけて口に入れても食べないの。先生に向かって、ダァーッとかける。先生の顔じゅう卵だらけ。この二人の熱演はすごいね。そして、先生が一生懸命頑張って、よくなってきた。でも、ダメなの。先生が、「なんて生意気な子だ。わたしが教えたことがわからないの！　悪い子だ！」と、怒ったときに、子供は、そばにあった水さしをとって、先生にジャーッとかける。先生は、あんまりだと思って、その子をバーンとたたいた。子供はひっくりかえった。先生が子供をなぐった。あれが愛ですね。すごい愛。

最後の最後はきれいにまとまるけど、勉強というものが、愛というものが、ヘレンを立派な少女にしていく。アメリカ精神が見事に描かれた愛の名作です。

というわけで、私はどれだけ映画を見たかわからないけれど、私にほんとうに沁み込んで教えてくれたのは愛でした。愛がなかったら人間じゃありませんね。映画がどんなに愛を教えるか。もしこれを知っていたら、学校の生徒が映画をどんどんごらんになっていたら、学校でいじめっ子なんかできません。映画は絵空事でなく、心の中に沁み込んで、愛の花を咲かせてくれますよ。

映画は絵空事でなく、心の中に沁み込んで愛の花を咲かせてくれる。

鳥

The Birds

60

アルフレッド・ヒッチコック

63／米／119分／製・監＝アルフレッド・ヒッチコック／脚＝エヴァン・ハンター／撮＝ロバート・バークス／音＝バーナード・ハーマン／出＝ロッド・テイラー、ティッピ・ヘドレン、ジェシカ・タンディ、スザンヌ・プレシェット、ヴェロニカ・カートライト

解説　アルフレッド・ヒッチコック監督がダフネ・デュ＝モーリアの短編小説を映画化したサスペンス・スリラー。サンフランシスコ近郊のある漁村。一羽の鷗が若い女性メラニー（ティッピ・ヘドレン）の額を襲った。翌日、大群の鷗や小鳥が押しよせ、ついに鳥の襲撃が始まり、村はパニックになり人々は原因のわからぬまま逃げまどう。

ハイ淀川です　原題は『バード』。これがホークとか、ワシという題でしたら、はじめから怖そうと思いますが、バード。誰だって可愛らしい小鳥だと思いますね。そのあたり、これはヒッチコックの罠なんですね。

ロッド・テイラーとティッピ・ヘドレンが、サンフランシスコの小鳥屋さんで出会って、まあ、小鳥って可愛らしいなあと思っていると、とんでもないことになってきますねえ。ヘドレンが公園かどこかに腰かけて、一服しようと思っていると、後ろの鉄棒の柵に鳥が四羽いる。そんなことに気づかないで、タバコを吸っていると、鳥がまた来て止まる。あっという間にカモメでいっぱいになってしまいますねえ。皆さんもお庭に鳥が飛んできて、一羽や二羽なら可愛いなあと思うでしょうが、大群が押し寄せてきたから、無気味に思われるでしょう。このあたりのヒッチコックのさり気ない怖がらせ方が見事なんです。

さあ、最後の最後は鳥が人間を襲います。町じゅうが大騒ぎとなる。逃げろ！　逃げろ！　もしも、鳥の羽に触ったり、足を踏んだら、飛びかかってくるかもしれない。それどころか、鳥は部屋の壁をつっつき始める。このあたりが最高に怖いシーンでした。

というわけで、ヒッチコックは面白い映画をつくりますね。映画を知って、映画を楽しんで恐怖を私たちに与える。ほんとうに憎ったらしい監督ですね。

さり気ない怖がらせ方が見事！　映画を知りつくした、憎ったらしい監督。

野のユリ
Lilies Of The Field

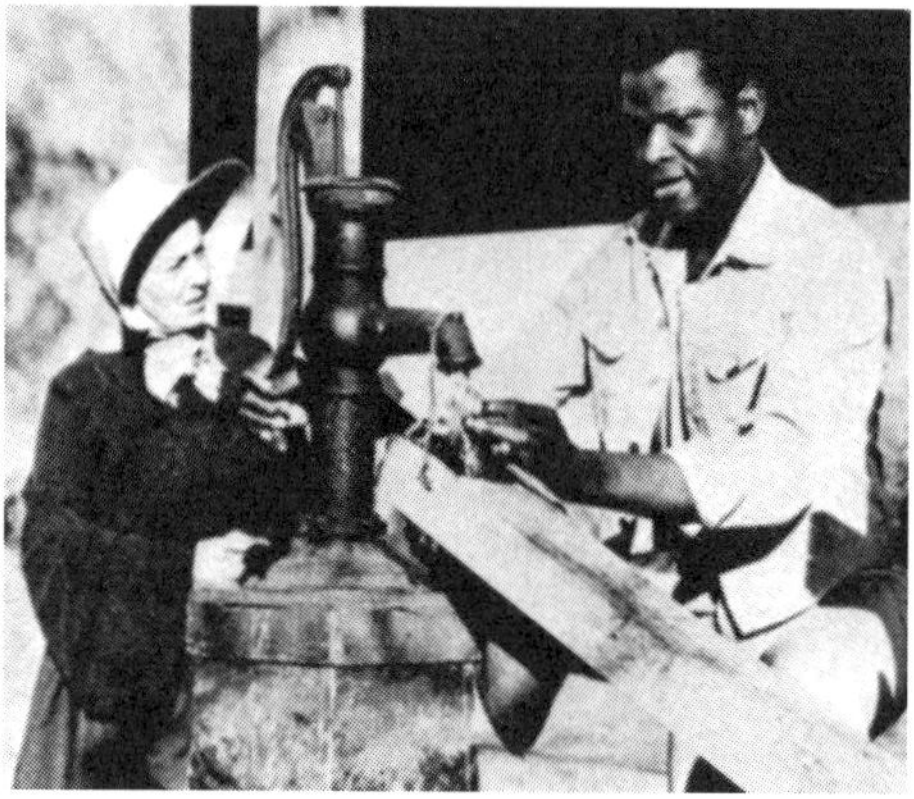

ラルフ・ネルソン

63／米／白黒／94分／製・監＝ラルフ・ネルソン／脚＝ジェームズ・ポー／撮＝アーネスト・ホラー／音＝ジェリー・ゴールドスミス／出＝シドニー・ポワチエ、リリア・スカラ、リサ・マン、アイサ・クリノ、フランチェスカ・ジャーヴィス

解説　東独から亡命してきたマリア（リリア・スカラ）らの尼僧は、アリゾナの荒地に修道院を建てようとしていたが、そこに黒人除隊兵のホーマ（シドニー・ポワチエ）が現われ、教会建設を手伝う。ラルフ・ネルソン監督が粗野な黒人青年と尼僧の心のふれあいを爽やかに描き、ポワチエが黒人で初めてのアカデミー主演男優賞受賞。

61

ハイ淀川です　この映画は、あんまりいいので、私の心に強烈に焼きついた作品ですね。シドニー・ポワチエの除隊兵と尼さんたち。お互いに言葉がよくわからないので、うまくいきませんね。でも、イエス様の愛の物語の歌を一緒に歌い出して、この除隊兵は、愛というものは施すものかということがわかってきます。この歌のシーンがいいんですね。さあ、それからこの黒人兵が、みんなのために教会を建ててやろうと心が変わってくるところが面白いんですね。黒人兵は、ひとりで一生懸命に汗をかいて汗をかいて教会をつくりあげました。そのとき、黒人兵は教会の屋根の上に上がって、そこに十字架を打ちました。キャメラは下から撮っています。青空の下で輝く十字架。その十字架を黒人兵が釘で打っている場面。私にはその黒人兵の背中に白い羽根がはえているように見えましたよ。このシーンの美しかったこと。きれいだったこと。

そして、黒人兵は降りてきて、「エーメン」を歌って、ご機嫌になってジープで去っていく。尼さんたちも「ありがとう。ありがとう」。この清らかな愛の幕切れの見事だったこと。愛を施すことの幸福をうたいあげ、私たちに教えてくれました。こんな清らかな映画をたくさん見れば、孤独なんかありません。みんなとみんなと生きるんだと感じて、元気になるんですね。

十字架を打つ黒人兵の背中に白い羽根がはえて見えた！

コレクター
The Collector

62

ウィリアム・ワイラー

65／米／119分／製＝ジョン・コーン、ジャド・キンバーグ／監＝ウィリアム・ワイラー／脚＝スタンリー・マン、ジョン・コーン／撮＝ロバート・サーティース、他／音＝モーリス・ジャール／出＝テレンス・スタンプ、サマンサ・エッガー、モーリス・バリモア、モナ・ウォッシュボーン

解説　蝶の収集が唯一の趣味である孤独な銀行員フレディ（テレンス・スタンプ）は、田舎に別荘を買い、地下室で美しい蝶のコレクションをしているが、ある日、かねがね狙っていた女学生ミランダ（サマンサ・エッガー）を誘惑。地下室に閉じ込めてしまう。ウィリアム・ワイラー監督が倒錯した男の異常心理を描いたサスペンス。

ハイ淀川です　これはワイラーの名作。なんとも知れん恐怖映画の傑作ですね。ファーストシーンは、銀行勤めの内気な男が白いアミで一匹の蝶を捕まえています。グリーン・グリーンのきれいな森。まだ生きている蝶をガラスの瓶の中につめ込む。蝶はバタバタと羽根を動かしている。明るいシーンだけど、よく見たら残酷ですね。

そこから始まって、この映画は、男が女をさらう映画になっていきます。蝶の代わりに女の子を狙いだしたんですね。美術学校の女の子を自分の部屋に監禁して、女の喜ぶあらゆるものを用意します。この男が蝶をコレクトして、ひとり眺めてその美しさを楽しんでいるうちに、赤い髪の美しい娘が蝶に見えてくるあたりの怖さ。

もうこの娘は、男の下品な趣味の悪さにゾーッとする。男からのプレゼントの箱を開けたら、エンゲージリングが入っていた。そんなもの欲しくなんかない。逃げたいだけ。逃げたら、この男が追いかけてくる。その怖さ。

というわけで、この映画のラストシーン。娘がいなくなった。この男は車に乗って町をドライブする。その陰気な車。その前を一人の若い看護婦が歩いていた。そこへ車がスーッと近づいて行くところで終わる。女を自分ひとりのものにしようとする狂恋を描いた、この怖い怖い映画。私はショックを受けましたよ。


美しい娘が蝶に見えてくる怖さ！　ワイラーの恐怖映画の傑作。

アポロンの地獄

Edipo Re

63

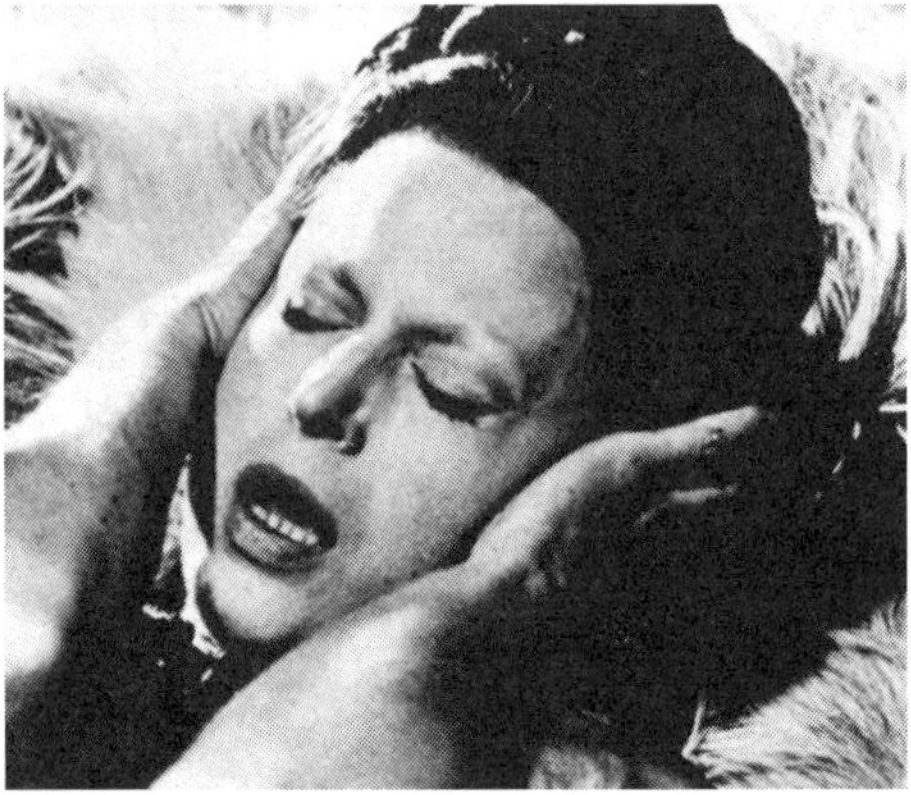

ピエル・パオロ・パゾリーニ

67／伊／106分／製＝アルフレド・ビニ／監・脚＝ピエル・パオロ・パゾリーニ／撮＝ジュゼッペ・ルッツォリーニ／音＝ピエル・パオロ・パゾリーニ／出＝フランコ・チッティ、シルヴァーナ・マンガーノ、アリダ・ヴァリ、ルチアノ・バルトリ、アーメッド・バルハチミ

解説　ギリシャの古典劇「オイディプス王」をピエル・パオロ・パゾリーニ監督が映画化。「お前は父を殺し、母と交わるだろう」という神託を受けたオイディプス（フランコ・チッティ）は、旅の途中で王（実は父）を惨殺し、その王妃（シルヴァーナ・マンガーノ）と関係をもつが、王妃が実の母とわかり、彼は両眼をえぐり、王妃も自殺する。

ハイ淀川です　これは有名なギリシャ悲劇「オイディプス王」の映画化ですから、お話はご存知でしょう。それをパゾリーニが撮った。なんとも知れん男の映画、男の塊りを見せた怖い映画になりました。

オイディプスは捨てられた子供。やがて成長して、ほんとうの親探しの旅に出て、ある国で英雄になっちゃうんですね。年上の王妃に可愛がられて、一緒になりました。子供までできて幸せでしたね。ところが、その王妃が実の母だと知らされてびっくりする。それだけじゃありません。道中で無残に殺してしまった老人は、実の父親だった！　オイディプスは、もう胸をえぐられる思いで、ふるえあがる。家に帰ったら、母親も首を吊って死んでいた。このあたりの怖いこと。オイディプスを、フランコ・チッティ、母親を、シルヴァーナ・マンガーノが演じましたが、二人は見事な演技を見せました。やがて、オイディプスは、人間の業、苦しみに、そして自分が犯した罪に耐えられなくなって、わが手で両眼をえぐって、さまよって歩きます。

パゾリーニは、男の勝負は勝つこと、みんなに頼られること、美しい女をめとること、我が家を立派に守ることをオイディプスに託して、男のなかの男の姿を見せながら、地獄の世界に突き落しました。これは男への戒め。人間探求、男の追求の傑作です。

男への戒め。人間探求、男の追求の傑作。

64

暗くなるまで待って

Wait Until Dark

テレンス・ヤング

67／米／108分／製＝メル・フェラー／監＝テレンス・ヤング／脚＝ロバート＆ジャン・ハワード・キャリントン／撮＝チャールズ・ラング／音＝ヘンリー・マンシーニ／出＝オードリー・ヘプバーン、アラン・アーキン、リチャード・クレンナ、エフレム・ジンバリスト・ジュニア、サマンサ・ジョーンズ

解説　ブロードウェイの大ヒット舞台劇をテレンス・ヤング監督が映画化したサスペンス。夫の旅行中にあずかった人形の中に麻薬が縫い込まれていた。それを奪い返そうと盲目の妻スージー（オードリー・ヘプバーン）に三人の男が近づくが、ついに男たちも仲間割れし、生き残った男（アラン・アーキン）がスージーを襲う。

ハイ淀川です　オードリーが扮している目の見えない若い奥さん。殺し屋が来た。殺人鬼が来た。わたしは殺される。どうしよう。死ぬんだ。逃げられない。大きな男が後ろから首を絞めようとしました。神様！　助けて！　と言ったときに、お前しか持っていないものがあるよ、と神様が教えたんですね。

「私は目が見えない。そうだ。わたしは光がなくともいいんだ」

そこで彼女は命がけで、それは一秒の一瞬ですよ。スタンドのランプをたたいて、スイッチを切りました。真っ暗になった。這って逃げた。助かりましたねえ。この見事なクライマックスシーン。彼女に男がいきなり飛びついたあのカット。びっくりしました。巧い演出でした。人間、やったらやれる。あきらめちゃあいけない。このアメリカ精神に、私はどれだけ教えられたことか。

この映画、オードリーが最高でしたね。彼女、みなさんご存知のように、『マイ・フェア・レディ』で、絶対にアカデミー主演女優賞が獲れると思っていたのね。ところが、なんとまあ、『メリー・ポピンズ』のジュリー・アンドリュースにオスカーを持っていかれちゃった。このショックでしょうか。次のワイラー監督の『おしゃれ泥棒』は、しぼんだ花同然で痛々しかった。でも、この作品で彼女は見事に名誉挽回しました。よかったなあ。

やったらやれる！のクライマックス。オードリーが、名誉挽回。

65

2001年宇宙の旅

2001 : A Space Odyssey

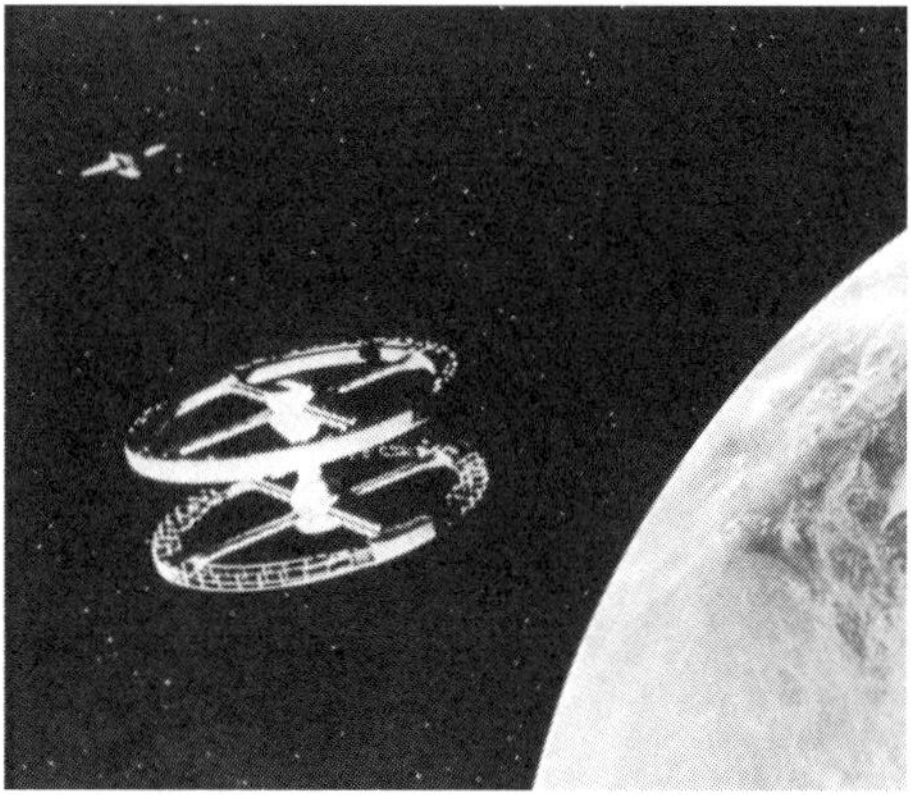

スタンリー・キューブリック

68／米／140分／製・監・脚＝スタンリー・キューブリック／脚＝アーサー・C・クラーク／撮＝ジェフリー・アンスワース、ジョン・オルコット／音＝ヨハン・シュトラウス「美しき青きドナウ」など／出＝ケア・ダレー、ゲーリー・ロックウッド、ウィリアム・シルヴェスター、ダグラス・レイン、レナード・ロジター

解説　人類の知恵の進歩を暗示するかのような謎の黒石板モノリス。その謎を解明するため宇宙船は木星に向かうが、コンピューターHALが反乱を起こし乗組員を抹殺。生き残った船長（ケア・ダレー）の前にモノリスが現われ、彼は異次元のトリップに巻き込まれる。画期的なSFXを大胆に使ったスタンリー・キューブリック監督の代表作。

ハイ淀川です　この映画の最初の部分がいいんですね。地球ができたてのころ、猿たちはモノリスに触れましたね。その猿グループが喧嘩になったとき、こちらの猿が恐竜のアバラ骨で相手を殺しちゃう。

猿たちは喜んで、白い空にアバラ骨を投げました。これが戦争の第一号の武器ですね。その骨が青空に弧を描いて落ちようとするところで、オーバーラップして二〇〇一年の立派なロケットに変わります。この映像感覚がわからないと、この映画は面白くありません。

さあ、そのロケットは、木星に向かって飛んでいきます。人が乗っているんだけれど、全部コンピューターが指令を出しているのね。人間がコンピューターに支配されているの。ところが、若いパイロットが神経衰弱になって、命令されているのがいやになって狂っていくんです。この映画の見どころは、スタンリー・キューブリックのなんとも知れん宇宙感覚、宇宙美術ですね。それと人間とはいったいなんなのだろうか。人間はなんで苦しんでいるんだろう。人間というものは、科学が発達するとどうなってしまうのだろうか。それをあの猿の時代からじっと見つめようとしたあたりが面白いんですね。

この監督の『時計じかけのオレンジ』も面白かった。これほど才気走った作品をつくる監督はアメリカにいませんね。

キューブリックのなんとも知れん宇宙感覚と宇宙美術。

66

ジョニーは戦場へ行った

Johnny Got His Gun

ダルトン・トランボ

71／米／112分／製＝ブルース・キャンベル／監・脚＝ダルトン・トランボ／撮＝ジュールス・ブレンナー／音＝ジェリー・フィールディング／出＝ティモシー・ボトムズ、キャッシー・フィールズ、ダイアン・ヴァーシ、ドナルド・サザーランド、ジェイソン・ロバーズ

解説　脚本家のダルトン・トランボは一九三八年に原作を書いたが、反戦小説とされ発禁処分を受けた。しかし野心は捨てず七〇年にいたり自らが資金を調達し脚本、監督して映画化した。西部戦線で砲火を浴び両手両足を失い、しかも顔面を焼かれたジョニー（ティモシー・ボトムズ）を通して、戦争を含めた体制への怒りをぶつける。

ハイ淀川です　ダルトン・トランボは、六十五歳でこの映画をつくりました。まさに執念の映画。ジョニーは第一次大戦で、両手両足、顔も失って、肉の塊りになってしまったけれど不幸にも生きていた。この悲惨さを、コブシを固めて怒り叫んで描いてはいません。

ジョニーはベッドの上で心のうちのひとりごとの台詞を言います。そのティモシー・ボトムズが実に巧い。病室のシーンはモノクロで、回想は美しいカラー。その現実と回想が交錯するあたり。お父さんもお母さんもジョニーの恋人も、病室の彼に愛をささやくような感じで出てきます。

回想の中で、ジョニーが彼女を抱く手のやわらかさ。ベッドで裾からはみ出した足で、彼女の足をさわるところ。でも今はこの青年の手や足が無くなっている。この痛ましさを目に沁み込ませるあたりの細やかな演出は胸をうちます。

この生ける物体を医学は実験の材料にしようとした。「助けてくれ」と物体が叫んだところで声が出るわけがない。看護婦（ダイアン・ヴァーシ）は、この物体にまだ感じる神経があることを発見し、今日はクリスマスですと伝えると、この物体が激しく頭を動かして喜ぶシーン。そして同情した看護婦が青年を殺そうとするあたりの怖さ。この映画は何年たっても忘れられない映画史上に残る問題作、名作です。


戦争の悲惨さ、痛ましさを目に沁み込ませた、細やかな演出。

67

ベニスに死す

Morte A Venezia

ルキノ・ヴィスコンティ

71／伊・仏／130分／製・監・脚＝ルキノ・ヴィスコンティ／脚＝ニコラ・バダルッコ、他／撮＝パスカリーノ・デ・サンティス／音＝グスタフ・マーラー、他／出＝ダーク・ボガード、ビョルン・アンドレセン、シルヴァーナ・マンガーノ、ロモロ・ヴァリ

解説　トーマス・マンの小説をルキノ・ヴィスコンティ監督が映画化。一九一一年の夏。ベニスの海浜ホテルに保養にきた初老の作曲家アッシェンバッハ（ダーク・ボガード）は母（シルヴァーナ・マンガーノ）とともに滞在する美少年タジオ（ビョルン・アンドレセン）に心を奪われ恋いこがれ、ついにはコレラで命を落す。

ハイ淀川です　これは美に耽溺する男の姿を描いたヴィスコンティの大名作ですね。純粋の美を求めて、もう恥も外聞も捨てて、ほんとうの美に対して最敬礼する。この男の精神に触れたとき、『ベニスに死す』は見事になってきますね。

一九一一年のこの時代色。夏のベニスのホテルの描写が巧いなあ。そこにやってきた有名な作曲家、仕事が行き詰まって休暇にきた。そして、十二、三歳のポーランドの富豪の少年と出会った。作曲家は、その少年の中に男でも女でもない、ほんとうの美を見ちゃうんです。美貌の少年というよりも、全身から出てくる詩の匂い。それを作曲家が発見して、虜になって、心を奪われていくところがすごいね。とうとう最後に、作曲家は少年に、ほんとうにほんとうに憧れて憧れて、その少年の面影を胸に抱いて死んでしまうんです。少年は、おじさんがそんなふうに死んだほんとうのことはなにも知らないのね。

というわけで、人間残酷、いや人間愛が溢れています。それが胸を打ちます。人間の心の中には〝悲劇〟が同居していますねえ。ヴィスコンティは、ぶざまにあえぐ人間、ぶざまなあわて方の奥に隠されたもの。そんな人間を抱きしめているんです。愛の哀しさといとしさ。ヴィスコンティは、映画が文学にくい込んで、文学を乗り越えました。これは見事な見事な美術品です。

少年に、ほんとうにほんとうに憧れて憧れて……

ゴッドファーザー

The Godfather

68

フランシス・フォード・コッポラ

72／米／175分／製＝アルバート・S・ラディ／監・脚＝フランシス・フォード・コッポラ／撮＝ゴードン・ウィリス／音＝ニーノ・ロータ／出＝マーロン・ブランド、アル・パチーノ、ジェームズ・カーン、ダイアン・キートン、タリア・シャイア、ジョン・カザール

解説　マリオ・プーゾの同名小説をフランシス・コッポラ監督が映画化。シチリアからアメリカに渡って一代で巨万の富を築いたコルレオーネ（マーロン・ブランド）は、マフィアの雄として君臨し、三人の息子がいる。製作費六百二十万ドルをかけ、マフィアの抗争と家族愛を描いた作品で、アカデミー作品、脚色、主演男優賞受賞。

ハイ淀川です　マーロン・ブランドのゴッドファーザーには、三人の息子がいましたね。ジェームズ・カーンの長男は血の気の多い男で、嫁さんや子供がいるのに浮気ばかりしている。ジョン・カザールの次男はぐずぐずした男。アル・パチーノの三男は一家の中で傍観者。このパチーノが主役の貫禄を見せました。

この映画、人物スケッチが鮮やかに描かれていて、ただのマフィアの内幕だけじゃなく、家族ドラマ、人間ドラマとなっているところがいいんです。まるで「カラマーゾフの兄弟」の家族ぐるみのようで、映画に肉の厚味がある。一人娘が結婚してヒステリックになっていくところ。孫と戯れながら心臓発作で、ひとり寂しく庭に倒れて息たえるゴッドファーザーの寂しい遠景。一場面一場面の人物描写が実に巧い。茶褐色のカラー場面と、ニーノ・ロータの音楽がうまくはまっていますね。そして、あのおとなしい三男が、ゴッドファーザーとして、一家の主となることを決意するラスト。救いのない悲哀がこみあげてきます。まさにこれはシシリーの哀歌を聞くようなマフィアの映画。血と暗黒の奥に、その悲哀が詩となった見事な名作です。今でもあのテーマ曲が忘れられませんね。

それに先立って、コッポラは『雨のなかの女』で非常に質の高い文学タッチをみせましたが、この作品で大監督となった。まさにコッポラの記念的代表作です。

血と暗黒の奥にある悲哀の詩、マフィアの姿を描いた人間ドラマ。

69

ポセイドン・アドベンチャー

The Poseidon Adventure

ロナルド・ニーム

72／米／117分／製＝アーウィン・アレン／監＝ロナルド・ニーム／脚＝スターリング・シリファント、ウェンデル・メイズ／撮＝ハロルド・スタイン／音＝ジョン・ウィリアムズ／出＝ジーン・ハックマン、アーネスト・ボーグナイン、シェリー・ウィンタース、ステラ・スティーブンス、キャロル・リンレー

解説　イギリスのロナルド・ニームが監督したパニック・スペクタクル。大晦日の晩、豪華客船ポセイドン号は、大津波に襲われ一瞬のうちに転覆。かろうじて生き残った牧師スコット（ジーン・ハックマン）は、ニューヨークの刑事ロゴと妻リンダ、初老のローゼン夫婦、歌手ノニー、十七歳と十歳の兄弟らを引き連れて必死の脱出を試みる。

ハイ淀川です　これは、海の『駅馬車』ですね。大ホールでのパーティ。音楽が止まって、あと九秒、あと八秒、あと七秒、新年へのカウントダウンが始まった。海の上で新しい年を迎えられる。うれしいなあ。一方の甲板では、危険が迫っているのを知って青くなっている。このホールのセコンドの新年へのカウントの感激がスリルとなる、この映画の面白さ。

海の怒りの一撃を受けてからのグラグラ。大音響。もうパニック状態だ。このあたりは映画最高の見ものですね。船が転覆して、船室のクリスマスツリーが逆さになりましたねえ。ジーン・ハックマンの牧師さんが、先に登っていって助けようと思い、みんなに登っていこうと言いました。このとき、ひとりの少年が勇気を出して登っていきます。男の子をツリーに登らせることで、神話的になっていくあたり。

私にはあの少年が天使に見えましたねえ。その少年の背に天使の羽根が見えました。天使の翼をつけた神の子に見えたんです。えっ、そんなの見えなかった？　ダメですね。私にはハッキリと見えましたよ。ジーン・ハックマンの牧師さんは、最後は死んでしまいますね。この牧師さんを殺してしまったことが、この映画の弱さと思われるでしょうが、これは『野のユリ』の黒人と同様に、去っていくと見るべきでしょうね。

少年が天使の翼をつけた神の子に見えた、パニック映画の最高傑作。

スケアクロウ

Scarecrow

70

ジェリー・シャッツバーグ

73／米／112分／製＝ロバート・M・シャーマン／監＝ジェリー・シャッツバーグ／脚＝ゲーリー・マイケル・ホワイト／撮＝ヴィルモス・ジグモンド／音＝フレッド・マイロー／出＝ジーン・ハックマン、アル・パチーノ、アン・ウェッジワース、リチャード・リンチ、アイリーン・ブレナン

解説　カメラマン出身のジェリー・シャッツバーグ監督の第三作目。南カリフォルニアの田舎道でふと知り合ったマックス（ジーン・ハックマン）とライオン（アル・パチーノ）。二人の目的は違うが一緒に旅をすることになる。アメリカの乾いた風土を行く男二人が、物質よりも愛の本質を探し求める過程を描いたロード・ムーヴィー。

ハイ淀川です　ファーストシーンは、映画の命ですね。いいファーストシーンというのは、これから始まる映画の展開を暗示しているんです。語り出しをしっかりと見て下さい。ですから映画を途中から見るなんていうことは絶対にしたらダメですよ。

そんなわけで、見事なファーストシーンの映画をたくさん見てきましたけれど、この『スケアクロウ』の語り出しも立派でした。西部の真ん中の田舎道です。大男のジーン・ハックマンがライターでタバコに火をつけようとしたんですね。監獄から出てきて、解放されて一服しようとした。ところがパチパチやっても火がつかないのね。

それを道の向こうにいる小男のアル・パチーノがじっと見ていて、道を横切ってやってきて、マッチを出して、つけてやろうという顔をしました。仕方がない。大男はマッチで火をつけてもらった。二人の男が近づいて、体を寄せ合うようにしましたね。

冬の風のきついきつい曇天の中の道でお互いに知り合いになりましたね。この二人は、やがて離れられない友だちになっていきます。男と男の友情を、たった一本のマッチの火で表現しました。このファーストシーンで、この映画の命を見せました。よく見ていると、この二人にはホモの匂いを感じますね。二人の俳優はそれを巧く出していましたね。

男と男の友情をたった一本のマッチで表現したファーストシーン。

71

家族の肖像
Gruppo Di Famiglia In Un Interno

ルキノ・ヴィスコンティ

74／伊・仏／130分／製＝ジョヴァンニ・ベルトルッチ／監・脚＝ルキノ・ヴィスコンティ／脚＝スーゾ・チェッキ・ダミーコ、他／撮＝パスカリーノ・デ・サンティス／音＝フランコ・マンニーノ／出＝バート・ランカスター、シルヴァーナ・マンガーノ、ヘルムート・バーガー、アラン・ドロン、クラウディア・カルディナーレ

解説　ルキノ・ヴィスコンティ監督が、孤独な老人と家族の関係を描いた作品。ローマの宏壮な邸宅で老教授（バート・ランカスター）はひっそり暮らしているが、富豪夫人ビアンカ（シルヴァーナ・マンガーノ）が、愛人のコンラッド（ヘルムート・バーガー）のために強引に二階の部屋を借りたことから、教授の生活は一変する。

ハイ淀川です　この映画は、教授の家の中から、キャメラが一歩も戸外に出ませんね。この舞台劇手法の映画回転のフラッシュバックが、この映画の鍵ですよ。

静かな部屋で、老教授の考え込む姿に一瞬のフラッシュバックでこの男の過去が紹介されています。美しい妻（クラウディア・カルディナーレ）が、ウェディングドレスの白いベールをうれしげにとるところ。その妻が泣くところ。もう一つは黒いベールをつけた母が少年に向かって言い聞かせるシーン。この老教授には離婚した妻、母もいた。長年、孤独を頑固に守りながら、教授の心が抱きしめ続けている憧れは〝家族〟だということがわかっていく。ジャン・コクトーやテネシー・ウィリアムズの舞台劇に酔っぱらう興奮を、ヴィスコンティ感覚で酔わせていくあたりは見事ですよ。

それにヴィスコンティの愛が、老教授に扮しているバート・ランカスターに沁み込んでいるあたり。ヴィスコンティは実生活で、ランカスターが好きだったんですよ。だから、見ているうちに現実と芝居が二重の興奮を盛り上げていくあたりも面白いのね。

というわけで、『夏の嵐』『山猫』『ベニスに死す』が、この映画にデフォルメされ、詰め込まれています。なぜか、私はこの映画を見た瞬間、ヴィスコンティの死相を嗅いでしまったんです。

なぜかヴィスコンティの死相を嗅いでしまった。

ザッツ・エンタテインメント

That's Entertainment

72

ジャック・ヘイリー・ジュニア

74／米／133分／製・監・脚＝ジャック・ヘイリー・ジュニア／音＝ヘンリー・マンシーニ／出＝フレッド・アステア、ジーン・ケリー、フランク・シナトラ、エリザベス・テーラー、ジュディ・ガーランド、ライザ・ミネリ、ビング・クロスビー、デビー・レイノルズ、ミッキー・ルーニー、ジェームズ・スチュアート、クラーク・ゲーブル

解説　ハリウッドの黄金時代を築いたＭＧＭ傑作ミュージカルの名場面を中心に綴ったエンタテインメント集大成。フレッド・アステア、ジーン・ケリー、フランク・シナトラ、ジュディ・ガーランド、エリザベス・テーラー、ジェームズ・スチュアートなどスターが出演した七十五本の映画が登場する。ジャック・ヘイリー・ジュニア製作・監督。

ハイ淀川です　この映画の生命は、芸人の魂溢れたその芸の魅力ですね。監督のジャック・ヘイリー・ジュニアの目のすえどころが立派です。ハリウッド映画を知りつくしていて、その編集が巧いんですね。私は酔っぱらいました。

オールドファンには懐かしい、懐かしい。憧れのスターがいっぱい出てきます。なんたる楽しみ。お若い方には、こんなスターもいたんだ、こんなミュージカルもあったんだ。目で見る映画史。勉強になります。一九二九年のトーキー・レビューからMGMミュージカル全盛時代まで見せてくれますよ。初めのころは女のダンサーも足が太くって、体の線もずんぐりしている。このあたりもレビューの第一頁がわかって面白いなあ。

さあ、どんなスターが出てくるのか。数えたらきりがありません。

アン・ミラーの回転ダンス。ドナルド・オコンナーのエネルギッシュなアクロバットダンス。エスター・ウィリアムズの水上レビューショウ。若い方が見たら、ドギモを抜かれるでしょう。エリノア・パウエルのカスタネットダンス。中でもフレッド・アステアのその手その足その腰さばきのエレガント。ジーン・ケリーの百パーセントの躍動。この二人の踊りはおおげさではなく世紀の見もの。クラーク・ゲーブルの「愚者の歓喜」のダンスは貴重。まさにこの映画は三十年間のエネルギーです。

フレッド・アステアとジーン・ケリーが世紀の見もの。ミュージカル映画史。

ジョーズ

Jaws

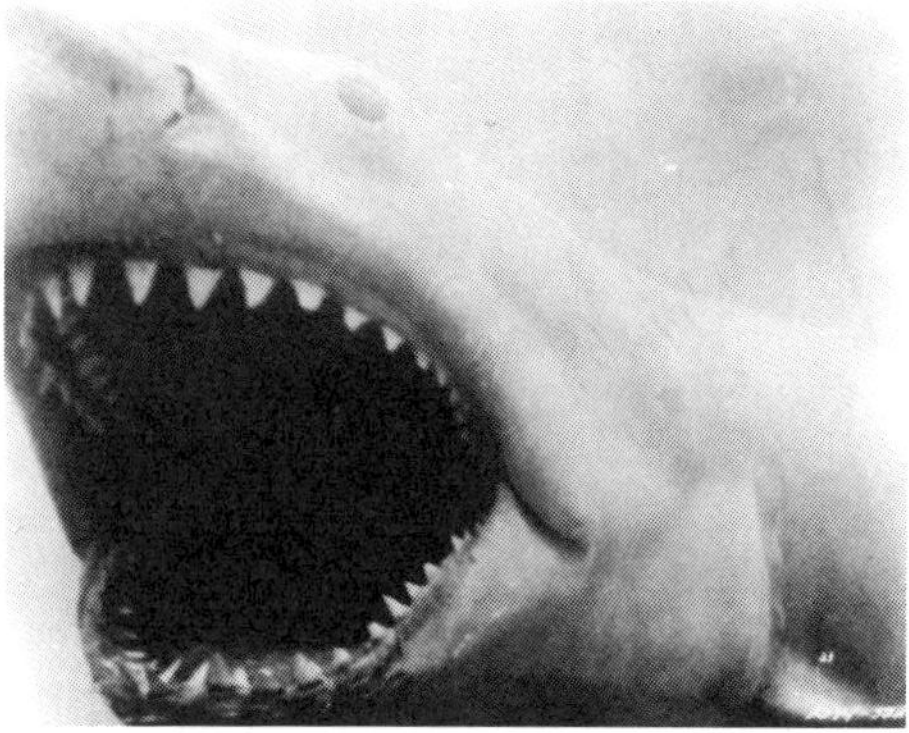

73

スティーブン・スピルバーグ

75／米／124分／製＝リチャード・D・ザナック、デイヴィッド・ブラウン／監＝スティーブン・スピルバーグ／脚＝ピーター・ベンチリー、他／撮＝ビル・バトラー／音＝ジョン・ウィリアムズ／出＝ロバート・ショウ、リチャード・ドレイファス、ロイ・シャイダー、ロレイン・ゲイリー、マーレイ・ハミルトン

解説　ピーター・ベンチュリーのベストセラー小説の映画化。夏の海水浴場に突如、巨大な人喰い鮫が出現。犠牲者が出る。警察署長（ロイ・シャイダー）、海洋学者（リチャード・ドレイファス）が鮫退治に挑むサスペンス映画でスティーブン・スピルバーグ監督の『続・激突！　カージャック』に続く二作目。大ヒットした。

ハイ淀川です　スピルバーグ監督は、沈黙の恐怖を海の鮫で見せました。

海は陸からいったん沈むと無音の世界。音がありませんね。だから、海の上でみんなが泳いで遊んでいる騒がしさなんかありません。

一方の水の上は泳いで遊んでいる連中がガヤガヤ。水の中は音がしない。その音のない海の中を、鮫が泳いで人間に近づいてくる。この怖さ。スピルバーグは海、そして水の怖さを見事にとらえました。平和な平和なひとときが、突然恐怖に変わる怖さ。海の怖さ。このあたりがこの映画の見どころ、面白さです。

この監督、『激突！』でも、その恐怖をうまく描きました。

こちらは海ではありません。平凡なサラリーマンの男、家を出かける前に、奥さんとちょっとやり合って、車に乗って出発した。初めはなんでもないんですね。それが見ているうちにだんだん怖くなってくる。小さな車が大きな古いトレーラーに追いかけられる。トレーラーの運転手の顔は全然、映らない。目に見えない恐怖。強迫観念に襲われると同時に、その相手をやっつけようとするこのスリル、サスペンス。

このあたりのスピルバーグの話し方は見事ですね。おそらくスピルバーグは、ヒッチコック映画のスリルを学んでいたのかもしれませんね。


平和な平和なひとときが、突然恐怖に変わる怖さ。

アニー・ホール
Annie Hall

74

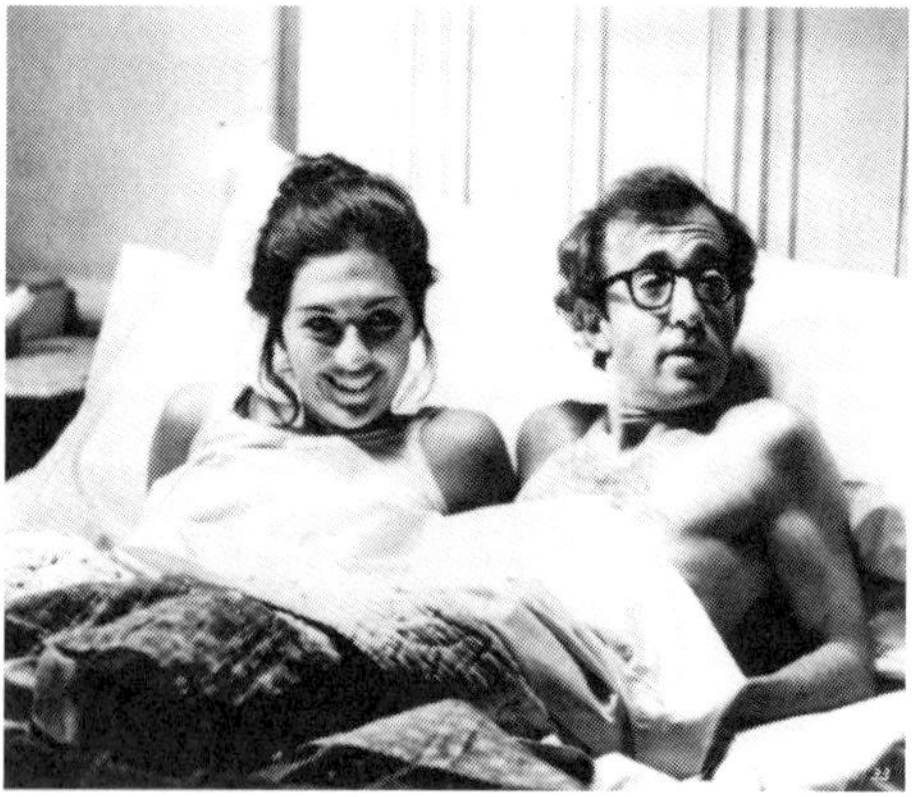

ウッディ・アレン

77／米／93分／製＝チャールズ・H・ジョフィ、ジャック・ローリンズ／監・脚＝ウッディ・アレン／脚＝マーシャル・ブリックマン／撮＝ゴードン・ウィルス／出＝ウッディ・アレン、ダイアン・キートン、トニー・ロバーツ、キャロル・ケイン、ポール・サイモン

解説　漫談芸人アルヴィ（ウッディ・アレン）は、歌手志望のアニー（ダイアン・キートン）と同棲生活を始めるが、溝ができてしまい、アニーは人気歌手に誘われてカリフォルニアへ行ってしまう。当時実生活のパートナーであったキートンとの私生活を彷彿させるアレン監督のロマンチック・コメディ。アカデミー作品賞など四部門受賞。

ハイ淀川です　私は、ウッディ・アレンの映画、大好きなんですね。どれもこれもニューヨークの、マンハッタンの匂いがあるんです。

ウッディ・アレンは、ブルックリン生まれ。ナイトクラブでジョークをしゃべっている仕事をして人気が出ました。映画に入って、『スリーパー』『バナナ』でコメディの腕を見せましたが、この『アニー・ホール』で実力を見せました。

この映画、ニューヨークの土地柄が匂って、その中で男と女の生きざまを見つめていますね。ウッディ・アレンの風采の上がらない芸人男と、ダイアン・キートンの歌手のタマゴの女は、ほんとうに愛で結ばれたのか、セックスで結ばれたのか。そのあたりが見どころで面白いんです。なぜ、面白いかというと、自分の私生活を大胆にとり入れて、この映画の男女と結びつけたんです。

結局、この女は誘われて、ロスに行ってしまう。あとに残されたこの男の孤独。まあ、ウッディ・アレンとダイアン・キートンの実像がだぶってくるあたり。

ウッディ映画のスピーディーな会話はまるでタイプライターの音ですね。その会話の中に微細な感覚が溢れています。ウッディはアメリカのモダン・シェイクスピア。その才人ぶりが充分楽しめる名作です。

ウッディ・アレンはアメリカのモダン・シェイクスピア。

ブリキの太鼓

Die Blechtrommel

75

フォルカー・シュレンドルフ

79／西独・仏／142分／製＝フランツ・ザイツ、他／監・脚＝フォルカー・シュレンドルフ／脚＝ジャン＝クロード・カリエール、ギュンター・グラス、他／撮＝イゴール・ルター／音＝モーリス・ジャール／出＝ダヴィッド・ベンネント、マリオ・アドルフ、アンゲラ・ヴィンクラー、ダニエル・オルブリフスキ、カタリーナ・タールバッハ

解説　ノーベル賞作家ギュンター・グラス原作。ポーランドのダンツィヒに三歳の誕生日にオスカル（ダヴィッド・ベンネント）は、大人の世界を拒絶してブリキの太鼓を持ったまま自ら地下の倉庫へ墜落し成長を止め、一種の超能力を身につける。一九二七年から四五年にかけての激動の時代をオスカルの目を通して描く。シュレンドルフ監督の代表作。

ハイ淀川です　これは、いうならば想像を絶する映画です。オスカルが母体から生まれ出るシーンのすごいこと。血と肉と体液のぬくもりをキャメラは胎児の目を思わせるように撮っています。このあたりはドイツ映画の持っているグロテスク感覚ですね。

オスカルは不思議な子供で超能力があるんです。叫びをあげると、柱時計のガラスが砕けたりする。学校の先生がオスカルの太鼓を取りあげようとしたので、叫ぶとその先生の眼鏡が砕けちゃう。お母さんが夫の目をかすめて、従兄とデートしたので、オスカルが叫ぶと、市立劇場の大きな窓が次々に砕けて、警察が大騒ぎする。

オスカルのお父さんが妻代わりの娘マリアと寝るところ。二人のセックスを見ているうちに、三歳のオスカルの体は、この十六歳の娘の乳を手でさわり、へそをなめてスカートの中にもぐる。まさにこの映画の悪魔的な手法にびっくりさせられます。

三歳で成長が止まり、大人になりたいけれど、なれない。この悲しいオスカル。そんなオスカルは私たちの心の内側に住んでいる私たちの分身かもしれませんね。

というわけで、この映画、西ドイツとフランスの合作ですけれど、中身は完全なドイツ映画。かつての『三文オペラ』『会議は踊る』など絢爛たるドイツ映画美術をとり戻してくれましたねえ。

グロテスクで悪魔的な映画の手法にびっくり。オスカルは私たちの分身。

ディーバ

Diva

76

ジャン＝ジャック・ベネックス

81／仏／118分／製＝イレーヌ・シルベルマン／監・脚＝ジャン＝ジャック・ベネックス／脚＝ジャン・ヴァン・オム／撮＝フィリップ・ルスロ／音＝ウラジミール・コスマ／出＝フレデリック・アンドレイ、ウィルヘルメニア・ウィギンズ・フェルナンデス、リシャール・ボーランジェ、チュイ・アン・ルウ、ジャック・ファブリ

解説　当時三十五歳のジャン＝ジャック・ベネックス監督のデビュー作。十八歳の郵便配達人ジュール（フレデリック・アンドレイ）は、黒人オペラ歌手シンシア（ウィルヘルメニア・ウィギンズ・フェルナンデス）を歌の女神＝ディーバとあがめ憧れ、コンサートで彼女の歌をこっそり録音したことから思わぬ事件に巻き込まれる。

ハイ淀川です　この映画、ヒッチコックもあれば、ルネ・クレマンもあれば、トリュフォーもあれば、ときにはフリードキン・タッチすら匂わせます。

この十八歳の郵便配達人の白人少年は、黒人のオペラ歌手に憧れて、録音はタブーなのに録音してしまった。憧れのあまり、歌手の楽屋にしのび込んで、部屋着まで盗んでしまう。この少年にベトナムの少女が絡んでくる。この少女は一体、何者なのか。その謎解きを見せながら、白と黒の黄色の三色人種が、パリの空に殺しと、愛の虹をかけるような面白さと美しさ。

それにグノーの「アヴェ・マリア」、カタラーニの「ワリー」のオペラ曲を巧く使いました。この映画感覚の遊びがいいんですね。演出、色彩、リズムに酔って、ヒッチのパロディにニヤッとなりますよ。しゃれた映画です。

私はこの郵便配達の少年の背に二枚のガラスのような羽根を見ました。愛を求めて配る男、飛びまわる男のようで神の使者に思えたんです。この脚本の中の秘密は漫画かもしれない。それをまるで美術館の中のモダンアート展にして見せたこの監督の才能。これはただごとではありません。私はこの映画を見て、ジャン＝ジャック・ベネックスがいっぺんに気に入りました。娯楽映画だけど、これは芸術だと思いましたね。

ヒッチ、クレマン、トリュフォー、そしてフリードキン・タッチ。

アマデウス

Amadeus

ミロス・フォアマン

84／米／160分／製＝ソウル・ゼインツ／監＝ミロス・フォアマン／脚＝ピーター・シェーファー／撮＝ミロスラフ・オンドリチェク／音＝ネヴィル・マリナー／出＝F・マーリー・エイブラハム、トム・ハルス、エリザベス・ベリッジ、サイモン・カラウ、ロイ・ドトリス

解説　モーツァルトの謎の死を題材にしたピーター・シェーファーの戯曲を彼自身で脚色し、ミロス・フォアマンが監督。宮廷作曲家サリエリ（F・マーリー・エイブラハム）は、神童の誉れは高いが、下卑た傍若無人な振る舞いをする青年モーツァルト（トム・ハルス）に嫉妬し苦悩する。アカデミー作品賞、監督賞など八部門受賞。

77

ハイ淀川です　私は『アマデウス』を舞台で見ました。さあ、これが映画になる。どう時代色を出すのか、これが問題だと思いました。

ところがチェコ生まれのミロス・フォアマン。『カッコーの巣の上で』『ヘアー』の監督ですね。この監督が外国のロケを加えて、その時代色の美しさ、オペラ上演の美しさ、その豪華さを見事に出しました。

それ以上に目を釘づけにさせたのが、ほとんど無名の二人。サリエリ役のF・マーリー・エイブラハムと、モーツァルト役のトム・ハルスの名演技です。モーツァルトの人物像がなんとも鮮やかに画面に生きかえってきます。名曲をさらりとやりとげる才能の底知れない豊かさ。陽気で常に笑いころげて、天才とは思えないその子供っぽさ。しかも女には目がない俗っぽさ。これが偉大なモーツァルトかと驚きの目で見せます。一方、この天才をねたみ、自分の手で死に追いやろうとする凡才のサリエリ。その陽と陰の人間像がよく出ているあたり。この脚色、演出、名演の才能の素晴らしさに絶賛の拍手を送りたい名作です。オペラ好きの私は、この映画を見て、オペラの名曲、その舞台の美しさに見惚れ聞き惚れました。オペラの郷愁にひたりました。オペラに接していない方も、これを見て、興味を持って下さればうれしいですね。オペラって、素晴らしいですよ。

二人の無名俳優が陰と陽の名演技を見せるオペラ映画。

カオス・シチリア物語

Kaos

78

パオロ&ヴィットリオ・タヴィアーニ

84／伊／187分／製＝ジュリアーニ・G・デ・ネグリ／監・脚＝パオロ・タヴィアーニ、ヴィットリオ・タヴィアーニ／撮＝ジュゼッペ・ランチ／音＝ニコラ・ピオヴァーニ／出＝マルガリータ・ロサーノ、クラウディオ・ビガリ、マッシモ・ボネッティ、エリンカ・マリア・モドゥーニョ、フランコ・フランキ

解説　イタリアのパオロ&ヴィットリオ兄弟監督が、生まれ故郷シチリアの自然、風土、生活風習の中で生きる人たちの喜怒哀楽を温かく描いた三時間余の大作。第一話「もう一人の息子」、第二話「月の痛み」、第三話「瓶」、第四話「レクイエム」の四話とプロローグとエピローグで構成されている。原作はノーベル賞作家ルイジ・ピランデッロの同名小説。

ハイ淀川です　これは、タヴィアーニ兄弟監督が目で見せてくれた名作です。三人の荒くれ男の一人が、カラスの首にヒモをまわした。絞め殺すのかと思ったら、ポケットからリン（鈴）をとり出して、カラスの首にゆわえつけてカラスを空に放ちました。これで三人が牛の群れの番人だとわかる。逃げたカラスは、首のリンを鳴らしながら遠ざかっていく。このファーストシーン。映画の語り口の巧さ。まさに文豪小説の第一頁の書き出しです。

シチリアの匂いがあって、どの話もみんな面白いですけれど、私が好きなのは第二話です。満月の晩になると、身体が震える男の話ですね。嫁さんはそれを知ってびっくりした。そしたら、お母さんが旦那の甥を連れてきた。実はこの嫁さん、甥が好きだったの。甥も好きだったのね。さあ、満月の晩がきた。旦那は庭の木にくくってもらいました。嫁さんと甥は家の中で二人きり。誰も邪魔しない。嫁さんは着物を脱いだ。甥も裸になって、ベッドに上がろうとしたとき、満月が出てきた。庭でも亭主が「ガタガタガタ」と震え出した。「ウーン、ウーン」といううめき声が聞こえた。とうとう二人はひと晩中、なにもできないで終わるという月の夜の怖いお話。月がこんなに怖いと思ったのは初めてだ。男と女の愛の怖さを見せてくれました。

月の夜の怖い話。男と女の愛の怖さ。

79

冬冬《トントン》の夏休み

冬冬的假期

ホウ・シャオシエン（侯孝賢）

84／台湾／98分／製＝ジャン・ホアクン／監・脚＝ホウ・シャオシエン（侯孝賢）／脚＝チュー・ティエンウェン／撮＝チェン・クンホウ／音＝エドワード・ヤン、他／出＝ワン・チークァン、リー・ジュジェン、グー・ジュン、メイ・フアン、エドワード・ヤン

解説　一九八四年の夏。小学校を卒業した冬冬（ワン・チークァン）は、母が病気で入院したため妹（リー・ジュジェン）とともに田舎で医者をしている祖父の家に預けられ夏休みを過ごす。村の子供たちと仲よくなった冬冬を中心に、美しい自然の中で子供が伸び伸びとして生きる世界を台湾のホウ・シャオシエン監督が詩情豊かに描く。

ハイ淀川です　ホウ・シャオシエンとは、どんな監督なのか。それを知るのに一番なのがこの作品です。この映画は、夏休みの生きた絵物語。まるで刺繡のように人物が流れていて、郷愁を感じさせてくれます。まさに映画の詩。見事な作品ですね。

見ていると、私たちの子供のころとそっくりですね。

川と鉄橋。子供たちが泳いでいるのに、冬冬の妹は泳げないので、かまってくれないの。腹が立ったので、お兄ちゃんたちのパンツを川に捨てちゃった。川から上がったらパンツがないので裸で帰るあたりの面白さ。小さな亀を競走させて遊ぶ。若いおじちゃんも子供たちが家の中で騒いでもなにも言えないの。私はセミが鳴くところが妙に気に入りました。ありとあらゆる夏の日の、少年たちのスケッチが出てきます。この夏の詩。少年の詩。

なぜ、どのシーンもどのシーンも鮮やかに印象に残るのか。

それはホウ・シャオシエンが、冬冬になりきっていたからなんですね。冬冬の目でこの映画のシーンを積み重ねていったからなのね。特におじいちゃんの家、家族の描き方のなんと巧いことと。家とはなにかを教えてくれるあたり。私は感心しました。この作品をごらんになると、『恋恋風塵』や『悲情城市』がよくわかってくると思います。この映画に酔って下さいね。

ありとあらゆる夏の日の、少年たちのスケッチ。まさに映画の詩。

80

カイロの紫のバラ

The Purple Rose Of Cairo

ウッディ・アレン

85／米／82分／製＝ロバート・グリーンハット、監・脚＝ウッディ・アレン／撮＝ゴードン・ウィリス／音＝ディック・ハイマン／出＝ミア・ファロー、ジェフ・ダニエルズ、ダニー・アイエロ、エド・ハーマン、ダイアン・ウィースト

解説　一九三〇年代。映画館に通いつめ、何度も同じ映画を見続けていたセシリア（ミア・ファロー）に、突然、画面のヒーロー（ジェフ・ダニエルズ）が語りかけスクリーンを抜け出してくる。スクリーンのヒーローやヒロインとじかに語り合い、恋をしたい。そんな夢をかなえてくれるウッディ・アレン監督のラブ・コメディ。

ハイ淀川です　映画館の場所がマンハッタンの対岸のニュージャージー。ここは思えば活動写真の、アメリカ撮影所の誕生第一号の土地なんです。ウッディ・アレンは、懐かしき映画クラシックに目をつけましたね。この作品は、手回しの蓄音機の、そのレコードのすり切れた板の上にこの題名を使って、映画クラシックを呼び戻したんですね。実はこの題名の〝カイロの紫〟には、安っぽいサイレントの二流映画という意味があるんですよ。

サイレントのころ、『キートンの探偵学入門』という傑作喜劇がありました。バスター・キートンの映画館の映写技師が映写中に眠ってしまって、夢を見て彼の分身が歩き出して、客席の通路を通り抜けて上映中の画面の中に入り込んじゃうんです。

このギャグをウッディ・アレンは使って、逆に画面から主役の男が、場内で見ているミア・ファローの席に下りていくんですね。この手法がなんとも面白い。見どころですね。

その画面から出てくる二枚目が当時の人気スターだったリチャード・アーレンとバディ・ロジャースのそっくりさんなのね。この二枚目とミア・ファローが腕を組んで外へ出て行くあたり。女の珍ロマンスが展開されますが、ウッディ・アレンの映画勉強ぶりに私は感心しました。というわけで、この作品は、ウッディ・アレンの映画マジック。映画芸術。楽しめる作品です。

『キートンの探偵学入門』のギャグの逆をいった、ウッディ・アレンの映画マジック。

81 グッドモーニング・バビロン！

Good Morning Babilonia

パオロ&ヴィットリオ・タヴィアーニ

87／伊・仏・米／118分／製＝ジュリアーニ・G・デ・ネグリ／監・脚＝パオロ・タヴィアーニ、ヴィットリオ・タヴィアーニ／脚＝トニーノ・グエッラ／撮＝ジュゼッペ・ランチ／音＝ニコラ・ピオヴァーニ／出＝ヴィンセント・スパーノ、ジョアキム・デ・アルメイダ、グレタ・スカッキ、デジレ・ベッケル、チャールズ・ダンス

解説　イタリアの大工の息子ニコラ（ヴィンセント・スパーノ）とアンドレア（ジョアキム・デ・アルメイダ）の兄弟はアメリカに渡り、D・W・グリフィス監督の『イントレランス』のセット建設に参加。二人とも無名女優と結婚するが、第一次大戦が起こり参戦する。パオロ&ヴィットリオ・タヴィアーニ監督が兄弟愛を描いた叙事詩。

ハイ淀川です　私は子供のころ、『イントレランス』を見て、バビロンの宮殿の白象にびっくりしましたが、その白象は三人のイタリア人がつくったんです。その実話からこの脚本が生まれました。この兄弟が白象をつくるあたりがいいんですね。

グリフィス監督が白象が気に入らないので、やり直せ。二人は必死になって白象のハリボテをつくりました。出来上がった。森の中の白象。夜だったので、仲間たちがローソクに火をつけて、この森の中の白象を見上げるあたり。私にはエメラルドの光に見えました。

そんなわけで、この映画、ハリウッドのサイレント初期の撮影所の風景をほほえましく再現してみせてくれました。初めて撮影にやってきた二人が屋外撮影のシーンを見るところ。ハリウッド行きの電車が撮影所で働く人たちをスタジオまで運んでいくところ。俳優の演技を引き出すために生演奏のバンドが用意されているあたり。もう懐かしいなあ。

最初のほうで、父が息子たちと別れを告げるシーンは、イエスの晩餐を思わせます。というわけで、この映画は宗教の香りを込めて、オペラ、バレエのように物語が流れますね。この兄弟はどう生きていくのだろうか。『カオス・シチリア物語』はセピア色の油絵でしたが、この作品はグリーンのパステル画。親夫婦子供三代の絆を見せてくれます。見事な愛の名作です。

ハリウッド初期のほほえましい撮影所風景。

82 ザ・デッド「ダブリン市民」より

The Dead

ジョン・ヒューストン

87／米／83分／製＝ヴィーラント・シュルツ＝カイル、クリス・シュバーニヒ／監＝ジョン・ヒューストン／脚＝トニー・ヒューストン／撮＝フレッド・マーフィ／音＝アレックス・ノース／出＝ドナルド・マッキャン、アンジェリカ・ヒューストン、キャスリーン・ディレイニー、ヘレナ・キャロル、ドナル・ドネリー

解説　八十歳で逝去したジョン・ヒューストン監督の四十作目で遺作となった作品。一九〇四年、アイルランドの港町、ダブリン。ガブリエル夫妻（ドナルド・マッキャン、アンジェリカ・ヒューストン）は、年一回恒例のクリスマスの舞踏会に出席。穏やかなひとときを過ごすが…。原作はジェイムズ・ジョイスの同名短編小説集の一編「死者たち」。

ハイ淀川です　私はジョン・ヒューストンが大好きなんです。まさに名作とはこれ！　この人、八十歳で亡くなりました。この作品が遺作となりました。どんなお話か。日本でいうと明治三十七、八年の頃ね。古い古いダブリン市民のクリスマスの晩ごはん。ディナー風景。それだけの映画なんですよ。晩ごはんのとき、十四、五人のお方が集まって、それぞれの会話を交わす。それがなんとも知れん上品で、インテリジェントで、ダブリンの人の愛情が出ました。おばあちゃんが三人いて、その一番上のおばあちゃんが歌うんだけれど、上手じゃないのね。親戚の娘さんがピアノを弾くと、おばあちゃんがそれを見て、いちいち楽譜をめくってやる。そのあたりの人と人との馴れ合い、さすり合い。善人、善人が集まってのなんとも楽しい会の描写がいいんですね。

やがて、おひらきになって、夫婦がホテルに戻ってきたら、奥さんが泣いている。その奥さんがアンジェリカ・ヒューストン。十七歳のとき、好きな恋人が死んだことを想い出していたの。旦那は、ぼくはなんなんだ！　という夫婦のなんとも知れん会話。いつか、みんなお墓になるんだよとばかり、海岸の雪の中で、遠くに墓が見えるところで終わる。ヒューストンは、自分の息子のシナリオ、娘のアンジェリカ・ヒューストンの出演で永眠の世界に入りました。幸せな監督でしたね。

ダブリンの人々の愛情が溢れ出たジョン・ヒューストンの遺作。

八月の鯨
The Whales Of August

リンゼイ・アンダーソン

87／米／91分／製＝キャロライン・ファイファー、マイク・カプラン／監＝リンゼイ・アンダーソン／脚＝デヴィッド・ベリー／撮＝マイク・ファッシュ／音＝アラン・プライス／出＝リリアン・ギッシュ、ベティ・デイヴィス、ヴィンセント・プライス、アン・サザーン、ハリー・ケリー・ジュニア

解説　リビー（ベティ・デイヴィス）とサラ（リリアン・ギッシュ）の老姉妹は、夏の間をメイン州の小さな島の別荘で過ごす。目が不自由なリビーはわがままになり、この家を訪れる旧知の人々に毒舌を浴びせるが、二人は互いに助け合い余生を静かに生きようとする。往年の名優が共演したリンゼイ・アンダーソン監督作品。

83

ハイ淀川です　このとき、リリアン・ギッシュが九十歳。ベティ・デイヴィスが七十九歳。この二人が共演すると思ってもいなかっただけに、私はアンダーソン監督を尊敬しましたね。リリアン・ギッシュは、あのD・W・グリフィス監督に育てられたサイレントの名女優。ベティ・デイヴィスは、ウィリアム・ワイラーに磨かれた女優なんですよ。

　この映画、姉妹の感覚がよく出ました。お姉さんのベティ・デイヴィスは、目が見えなくって、ちょっと意地悪になっているのね。妹の家にやっかいになっているのに威張っているんです。その姉さんが大きな声を出して、妹を呼ぶところがすごいなあ。妹がお姉さんの髪をといてやるあたり。女と鏡と髪。それだけで、年老いたおばあちゃん二人が、かつて可愛い娘だったという感じがよく出ているのね。二人が散歩して、妹が、「花が咲いているのよ。アジサイが咲いているのよ。手でさわってごらん」

　そんな会話の中に、八月のメイン州の気候、海の匂い、姉妹の匂い、島の匂いが見事に出ているんですね。

　というわけで、ちょっと簡単に言えないぐらい、見事なドラマです。リンゼイ・アンダーソンは、『孤独の報酬』『ｉｆ　もしも…』など怖い怖い映画を撮る人ですね。その監督が、こんなタッチの映画をつくった。私の夢がかなったような名作でした。


九十歳のリリアン・ギッシュと七十九歳のベティ・デイヴィスが共演。

84

ラストエンペラー
The Last Emperor

ベルナルド・ベルトルッチ

87／伊・英・中／163分／製＝ジェレミー・トーマス／監・脚＝ベルナルド・ベルトルッチ／脚＝マーク・ペプロー／撮＝ヴィットリオ・ストラーロ／音＝坂本龍一、デイヴィッド・バーン、蘇聡／出＝ジョン・ローン、ジョアン・チェン、ピーター・オトゥール、坂本龍一、イン・ルオ・チェン

解説　清朝最後の皇帝、溥儀（ジョン・ローン）の波乱の生涯を描いたベルナルド・ベルトルッチ監督作品。一九〇八年、溥儀は死期の迫った西太后によって三歳で皇帝に任命される。その後、辛亥革命で退位、紫禁城を追放。そして溥儀は、日本軍に利用され満州国の傀儡皇帝となる。アカデミー作品、監督賞など九部門受賞。

ハイ淀川です　あの有名なイタリアのベルトルッチ監督がなんとも知れん東洋の、怖いストーリーを本格的に映画にしたところが面白いですね。

西太后に子供がいなかったので、三歳の幼児を連れてきて、清朝の皇帝にしたんですね。わけのわからないまま皇帝にされて、五百人以上の家来にかしずかれる。大きな広場で最敬礼されても、それをキョトンと見ている。怖いなあ。そして、この幼児の溥儀は、自分の城の紫禁城から一歩たりとも外出できませんね。弟がいるのに会わせてももらえない。

この溥儀が成長して、花嫁を迎えて、どんな目に遭っていくのか。さあ、クーデターがあったり、いろいろあって、この人は紫禁城から追放されます。

というように、この映画は厳しい厳しい歴史の跡を追いながら、映画全体をつつんでいるのは人間の運命なんですね。見事な運命ドラマになっていますね。

この溥儀という人、調べたら、六十一歳で昭和四十二年にガンで死にました。そのときは一介の庶民の庭師に雇われて働いていたんです。三歳のとき、西太后から皇帝に命じられなかったら、この人はどんな楽しい人生を送っていたかわからないのに、怖い話です。ベルトルッチ監督は、ただ単に異国情緒に溺れるだけでなく、本格的な伝記映画にしました。満州国を舞台にしたスケールの大きい大作。見応えある作品ですよ。

厳しい厳しい歴史の跡を追う、見事な運命ドラマ。

85

霧の中の風景

Topio Stin Omichli

テオ・アンゲロプロス

88／ギリシャ・仏／125分／製＝エリック・ウーマン、他／製・監・脚＝テオ・アンゲロプロス／脚＝トニーノ・グエラ、他／撮＝ヨルゴス・アルヴァニティス／音＝エレニ・カラインドロウ／出＝タニア・パライオログウ、ミカリス・ゼーケ、リトラトス・ジョルジョログウ、イリアス・ロゴセティス、ミハリス・ヤナトゥス

解説　十一歳の姉ヴーラ（タニア・パライオログウ）と五歳の弟アレクサンドロス（ミカリス・ゼーケ）はアテネから汽車に乗り、ドイツにいると信じている父探しの旅に出る。二人はさまざまな出会いや別れを体験する。『旅芸人の記録』のテオ・アンゲロプロス監督作の中でも比較的わかりやすいロード・ムーヴィーで、これが長編七作目。

ハイ淀川です　ギリシャのアンゲロプロスは、映画の感覚、映像美術の神であるとさえ私は思っています。

『旅芸人の記録』『アレクサンダー大王』『シテール島への船出』。どれもこれも名作。この監督の映画は難しいという人がいます。でも、この作品はわかりやすいと思いますよ。

この十一歳の女の子と弟は、父がドイツにいるというので、アテネからドイツに向かいますね。でも、子供だからどれほど遠いのかもわからない。実はお父さんはいないの。私生児なの。それなのに会いたがって行く。この二人のたどる道が私たちの人生ですね。

途中でこの女の子がトラックの運転手に犯されます。でも、そんないやらしい場面は見せないで、トイレから出てきた女の子の血だらけの手を見せます。海岸の波の上に引っぱってきたのは人間の大きな手。この手に不安を感じ、不吉を感じ、しかも安心をも感じるこの映画感覚。この映画は理屈っぽく考えたり、意味を考えたらいけません。感覚で見てほしいのね。画面を目に沁み込ませれば、これからこの二人がどうなるのかが、もっと強烈に伝わってくるでしょう。

目の前にある世間の怖さがありながら、この流れは夢の中のようなもの。これがこの監督の狙いです。アンゲロ美術、アンゲロ魔術に酔って下さい。

この手に不安を感じ、不吉を感じ、しかも安心をも感じる。アンゲロ魔術。

86

コックと泥棒、その妻と愛人

The Cook, The Thief, His Wife & Her Lover

ピーター・グリーナウェイ

89／英・仏／124分／製＝キース・カサンダー／監・脚＝ピーター・グリーナウェイ／撮＝サッシャ・ヴィエルニー／音＝マイケル・ナイマン／出＝リシャール・ボーランジェ、マイケル・ガンボン、ヘレン・ミレン、アラン・ハワード、ティム・ロス

解説　フランス高級料理店の一番の顧客は傍若無人な泥棒アルバート（マイケル・ガンボン）とその美しい妻（ヘレン・ミレン）の一行。夫の残忍さから逃れたい妻は常連客の学者（アラン・ハワード）と恋におち、二人は夫の目を盗み情事を続ける。独特な映像美と色彩へのこだわりをみせたピーター・グリーナウェイ監督作品。

ハイ淀川です　この映画は、滑稽と思ってもいいし、セクシーな狂恋、すごいグランドオペラと思ってもいいです。その色彩感覚がすごいんです。

レストランの場面は、まっ赤なビロード色のタッチですね。そこで泥棒が妻と手下を連れてきて、ごはんを食べています。ところが深川の芸者上がりみたいな妻が、向こうのテーブルにいる学校の先生をひと目見て、その男もひと目見て、二人はいっぺんに燃えます。このあたりが怖いなあ。泥棒は知らないのね。この妻がトイレに行くと、今度はまっ白な画面。学者先生もついてきて、二人は裸になる。勘づいた亭主が入ってくると、男は便器の上にあがった。女の足だけが見える。男のズボンの前は女の鼻先。男のボタンをはずした。そこからのセックスはちょっと言えませんね。怖くって。この演出。面白いなあ。

そして、今度はコックが二人の情事の場所へ案内するあたり。肉の塊りが腐っているようなところでセックスをする。もう、セックス、愛、恋、夢中になったら、どんなところでも平気だというところの怖さ。考えたら悲愛、狂った恋ですね。

白とグリーンの調理場で、小さな子供がカン高い声で歌うあたりは天使の声。そして、ラストの怖いこと。これは見事な美術品、ダイヤモンドです。見事な話になって、ああ！という形で終わる。ピーター・グリーナウェイの映画感覚に酔ってほしい名作です。

そこからのセックスはちょっと言えませんね。

87

ニュー・シネマ・パラダイス

Nuovo Cinema Paradiso

ジュゼッペ・トルナトーレ

89／伊・仏／124分／製＝フランコ・クリスタルディ／監・脚＝ジュゼッペ・トルナトーレ／撮＝ブラスコ・ジュラート／音＝エンニオ・モリコーネ／出＝フィリップ・ノワレ、ジャック・ペラン、サルバトーレ・カシオ、マルコ・レオナルディ、アニェーゼ・ナーノ

解説　シチリア島の映画少年トト（サルバトーレ・カシオ）は、パラダイス座の映写技師アルフレード（フィリップ・ノワレ）を慕い、自分も映写技師になるが、徴兵で島を離れる。三十年後に映画監督（ジャック・ペラン）となって島に戻ってくるが…。映画を愛した少年と古きよき時代の移り変わりを描いたジュゼッペ・トルナトーレ監督の感動作。

ハイ淀川です　これは私のためにつくられたような映画なんですね。イタリアとフランスの合作なんですけれど、精神は完全無欠のイタリア映画ですね。トルナトーレという監督は二十九歳の若さ。びっくりしました。

一九四〇年ごろ、シチリアの村の田舎の映画館。可愛い男の子が、映写技師のおじさんに憧れて憧れて、自分もあんな人になりたいなあと思うんです。ちょうど、私も子供のころ、そんな感じだったんですよ。「坊や。また来たの」なんて言っているうちに、二人の間にお父っつあんと子供みたいな友情がわいてきます。このあたりがいいですねえ。その映画館で上映している映画が、ジョン・フォードの『駅馬車』、ジャン・ルノワールの『どん底』、シルヴァーナ・マンガーノが出た『にがい米』。こんな映画のシーンが入っているあたり、この監督がいかに映画好きか。映画への愛情が溢れていますね。

この少年が映画監督になったとき、映写技師はどうなったのか。唖然とします。なんちゅうすごい映画。なんともいい知れん心の豊かな人間愛が出ていて、映画自身がなんともノスタルジーなんですね。映写技師の役は、フランスの名優フィリップ・ノワレ。巧いなあ。子供のサルバトーレ・カシオも可愛らしい。これはほんとうのイタリアの想い出の名作です。

これは私のためにつくられたような映画なんですね。

88 フィールド・オブ・ドリームス

Field Of Dreams

フィル・アルデン・ロビンソン

89／米／107分／製＝ローレンス・ゴードン、チャールズ・ゴードン／監・脚＝フィル・アルデン・ロビンソン／撮＝ジョン・リンドレイ／音＝ジェームズ・ホーナー／出＝ケビン・コスナー、エイミー・マディガン、ギャビー・ホフマン、レイ・リオッタ、ジェームズ・アール・ジョーンズ

解説　W・P・キンセラの長編小説をフィル・アルデン・ロビンソン監督が映画化。三十六歳の農夫レイ（ケビン・コスナー）は妻（エイミー・マディガン）と可愛い娘（ギャビー・ホフマン）に恵まれているが、ある春の夕暮れ、トウモロコシ畑に野球場をつくれば、伝説の大リーガー、シューレス・ジョー（レイ・リオッタ）が来るという天の声を聞く。

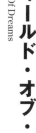

ハイ淀川です　この男、天の声を聞いて、トウモロコシ畑を刈って刈って、野球場をつくりますね。ここらあたりが非常にフロイト的な超現実的な面白いシナリオですね。

そして、ある晩、娘が、「庭に誰か立っているよ。グラウンドに誰か立っているよ。ユニフォームを着た人が」というので見たら、ホワイトソックスの名選手シューレス・ジョーが立っていた。お父さんはびっくりした。というところから野球場に幽霊が来る。幽霊が集まってキャッチボールをやる。こんなアメリカ映画は珍しい。

この男の奥さんと娘がいいんですね。お父さんのすることに反対しないのね。

「パパ。やりなさい。やりなさい」

こんな嫁さん、こんな子供がいたら、どんなにアメリカはいいんだろうという夢ですね。

この主人公の男が、死んだお父さんと会いたいなあと思っていると、遠くからお父っつあんがやって来た。そして、この二人が夕方、キャッチボールをする。このラスト。父と子の愛が身ぶるいするほど美しい。実はこの映画のほんとうのポイントは、お父っつあんを呼ぶことだったのかもしれない。ドリームズ・カム・トゥルー。いかにもアメリカ魂の愛の映画。再びアメリカの心をとり戻そうとした愛の映画でした。最高の出来栄え。みなさん。ごらんなさい。絶対にお泣きになりますよ。

ドリームズ・カム・トゥルー。お父っつあんを呼ぶこと。

髪結いの亭主

Le Mari De La Coiffeuse

89

パトリス・ルコント

90／仏／80分／製＝ティエリー・ド・ガネ／監・脚＝パトリス・ルコント／撮＝エドゥアルド・セラ／音＝マイケル・ナイマン／出＝ジャン・ロシュフォール、アンナ・ガリエナ、トマ・ロシュフォール、ロラン・ベルタン、ヘンリー・ホッキング

解説　パトリス・ルコント監督の日本初公開作。子供のころから女の床屋さんと結婚したいと思っていたアントワーヌ（ジャン・ロシュフォール）は、中年になって美人の理容師マチルド（アンナ・ガリエナ）に突然プロポーズし夢が実現。働きもしないで彼女に見とれている愛の日々は続く。理髪店を舞台に夫婦の愛を官能的に描く。

ハイ淀川です　パトリス・ルコントという監督、日本で初めての作品ですけれど、タッチがいい。フランスの感覚ですね。床屋さんのヘアクリームの匂い、シャボンの匂い。なんとも知れん不思議な感覚があるんですね。

奥さんが一人で働いて、亭主はじっと見ているだけで働きません。でもこの映画は理詰めで、生活費はどうなっているのか、なんて思って見たらいけません。男の目と、女がうれしそうに頭を刈っているところを見ればいい。そんな姿を見ていると、二人の結婚、愛がだんだん見えてきます。世の中にこんな夫婦がいるのか。これがこの映画のほんとうの狙いなんですね。二人は、お客さんがいなくなれば、激しく抱き合う。亭主はそれでいいんです。奥さんのしなやかな体が、宿った子供のために醜くなるのを許せないし、奥さんも亭主だけいればそれでいい。激しい雷が鳴っている中で、二人はセックスに燃えて、奥さんは店から飛び出して姿を消してしまう。そうか。奥さんは、愛をこんなに大事にしていたのか。この愛が壊れないうちに、光に輝いているうちにと思ったこの愛の心掛け。夫婦の心掛けをこんな形で見せたあたり、まるで結婚の水晶です。

この映画を見たら、アメリカ映画の『哀愁』なんか子供の映画です。『髪結いの亭主』という題名はクラシックですけれど、中身は非常にモダンな傑作です。

そうか。奥さんは、愛をこんなに大事にしていたのか。

シェルタリング・スカイ

The Sheltering Sky

90

ベルナルド・ベルトルッチ

90／英／138分／製＝ジェレミー・トーマス／監・脚＝ベルナルド・ベルトルッチ／脚＝マーク・ペプロー／撮＝ヴィットリオ・ストラーロ／音＝坂本龍一、リチャード・ホロウィッツ／出＝デブラ・ウィンガー、ジョン・マルコヴィッチ、キャンベル・スコット、ジル・ベネット、ティモシー・スポール

解説　ポール・ボウルズのベストセラー小説を、ベルナルド・ベルトルッチ監督が映画化。一九四七年、作曲家ポート（ジョン・マルコヴィッチ）と妻で劇作家のキット（デブラ・ウィンガー）は、若者タナー（キャンベル・スコット）を同行し北アフリカにやってくる。そこからサハラ砂漠を舞台にした壮大な愛のドラマが展開される。

ハイ淀川です　これは夫婦の怖い怖い愛ですね。この映画を見ていると、このお坊っちゃんの若者は、夫婦の「エサ」だということがわかりますね。旦那は作曲家で、奥さんは劇作家。二人はなにか行き詰まりを感じていて、北アフリカの旅に来たんです。ここで旦那は現地の女を買うし、奥さんは若者にチョッカイを出します。自分たちの愛を摑もうとするのね。そして、旦那は熱病にかかって死んじゃうんです。この場面、ハエがたかって、顔中がハエだらけになって、旦那が死ぬ間際に、「ぼくは遠くへ行くよ。君は来たらいけないよ」というあたりの死別の怖さ。この奥さんは、その瞬間、無のようななにもない透明人間になっちゃうんですね。

さあ、この奥さんはどうなったか。アフリカの奥地をさまよい、キャラバン隊に拾われて、どんな男と寝てもいいような女になっていく。無になって、死んだ夫への愛情が蘇ってくるあたりの怖さ。その道中のキャメラのきれいなこと。夕日、満月、砂漠の夜景。アフリカの生活を見せます。この映画は旦那が死んでからの後半が見どころです。

愛というもの、愛にしがみつく夫婦の姿を、厳しいタッチで見せました。変な言い方ですが、西洋人の愛というものがよくわかる。この『嵐が丘』のような怖い鬼のような愛。ベルトルッチの見事な名作です。

無になって、死んだ夫への愛情が蘇ってくるあたりの怖さ。

シザーハンズ

Edward Scissorhands

91

ティム・バートン

90／米／98分／製＝デニーズ・ディ・ノーヴィ／製・監＝ティム・バートン／脚＝キャロライン・トンプソン／撮＝ステファン・チャプスキー／音＝ダニー・エルフマン／出＝ジョニー・デップ、ウィノナ・ライダー、ヴィンセント・プライス、ダイアン・ウィースト、アンソニー・マイケル・ホール

解説　発明家の博士（ヴィンセント・プライス）によって生み出された人造人間エドワード（ジョニー・デップ）。だが博士が完成前に急死したため、彼は両手がハサミのまま。親切な一家に引きとられ、ハサミを使った特技で人気者になり、娘のキム（ウィノナ・ライダー）に恋するが。ティム・バートン監督のラブ・ファンタジー。

ハイ淀川です　ティム・バートンは、ディズニープロにいた人なんですね。『ビートルジュース』『バットマン』をつくりました。その監督が、また、ちょっと変わった映画をつくりました。

ハサミ男の青年をやっているのが、ジョニー・デップですね。この男、両手がハサミ。ハサミといっても先が鶴の口ばしよりも大きいのね。だから、ハサミ男が、可愛らしいウイノナ・ライダーのお嬢ちゃんに恋をして、抱き合っても、抱きしめられないのね。このあたり、見ていても可哀相だね。でも、植木をきれいな形で刈るので、大歓迎される。「私の家にも来て下さい。ウェルカムします」というわけで、アメリカのスモール・タウンの雰囲気が見事に出ているのね。嘘のお話のくせに、いかにもアメリカらしいハートフルな映画。怪奇、グロテスク、もう化け物のくせに、子供たちも怖がらないで、「キャーキャー」と喜ぶところが粋なんだね。

ハサミといえば、怖い殺人の凶器に使われたりします。でも、この映画は違いますよ。こんなに明るいハサミ男の話は、初めてです。粋な粋な感覚。バートンがよくこの題材を映画化したなあ、偉いなあと思いました。この映画からハート、やさしさ、ヒューマンをみなさんも感じとって下さい。それを摑んで下さい。私の大好きな大好きな作品ですよ。

怪奇、グロテスク、化け物なのにハートフルなスモール・タウン映画。

92　アダムス・ファミリー

The Addams Family

バリー・ソネンフェルド

91／米／100分／製＝スコット・ルーディン／監＝バリー・ソネンフェルド／脚＝キャロライン・トンプソン、ラリー・ウィルソン／撮＝オーウェン・ロイズマン／音＝マーク・シェイマン／出＝アンジェリカ・ヒューストン、ラウル・ジュリア、クリストファー・ロイド、ジミー・ワークマン、クリスティーナ・リッチ

解説　TVの人気アニメを映画化。豪壮な屋敷に住むアダムス一家は、他人の不幸を羨む当主ゴメス（ラウル・ジュリア）、妻の魔女モーティシア（アンジェリカ・ヒューストン）、生きている手首のハンドくんら変わり者ばかり。行方不明の兄（クリストファー・ロイド）が帰り大騒動になる。バリー・ソネンフェルド監督のブラック・コメディ。

ハイ淀川です　この映画、化け物屋敷が面白いんだね。そこに住んでいる連中は、ひとクセもふたクセもある悪い連中ばかり。大人だけじゃない。子供まで悪いんだ。この家のなんとも知れんグロテスクなパーティがまたすごいのね。クリストファー・ロイドのお兄ちゃんが何者かという探偵趣味もありますけれど、見どころはゴースト、ゴースト。それに手首が走り回るあたりはびっくり仰天です。

この監督は、キャメラマン上がりだから、その撮影がうまいのね。

しかし、いちばんの見どころは、アンジェリカ・ヒューストンの魔女ですよ。まるで、「白雪姫」の悪魔のような女で、その手、足の動き、メークしたら馬みたいな顔もきれいになっちゃう。ラウル・ジュリアとの共演。二人の芝居に見惚れますよ。怖くって面白くって、ブラック・コメディの傑作ですね。

この映画が評判よかったので、同じ監督、同じ役者で『アダムス・ファミリー2』をつくりました。第二作目というのは、ふつうはつまらないんだけど、とんでもない。この中でも、ラウル・ジュリアとアンジェリカ・ヒューストンがタンゴを踊る。そのカッコいいこと。これだけでもこの映画は値打ちがあります。ギャグも、しゃれもハイクラス。大いに楽しめます。大人のユーモア。バリー・ソネンフェルドの代表作となりました。

いちばんの見どころは、アンジェリカ・ヒューストンの魔女。

テルマ&ルイーズ

Thelma & Louise

93

リドリー・スコット

91／米／128分／製＝ミミ・ポーク／製・監＝リドリー・スコット／脚＝カリー・クオーリ／撮＝エイドリアン・ビドル／音＝ハンス・ジマー／出＝スーザン・サランドン、ジーナ・デイヴィス、ハーヴェイ・カイテル、ブラッド・ピット、マイケル・マドセン

解説　平凡な主婦テルマ（ジーナ・デイヴィス）とウェイトレスのルイーズ（スーザン・サランドン）は親友同士。二人は週末旅行に出るが、途中のカントリーバーでルイーズは、ならず者をピストルで撃ち殺してしまう。この偶発的事件をきっかけに二人の女性が自己を解放していくロード・ムーヴィー。リドリー・スコット監督。

ハイ淀川です　この映画の見どころは、女性の解放感。中年女の解放感ですね。テルマは、夫婦生活に決して満足していないけれど、それ以上を望もうとしない平凡な主婦。一方のルイーズは、生活にいやけがさしているウェイトレスの独り者ですね。

旅の途中で、テルマがバーの男に狙われて、強姦されそうになるのね。それを見て、ルイーズがピストルで撃っちゃったの。殺人者になってしまった。さあ、二人がオクラホマへ向かって車で逃げていくあたり。あの『駅馬車』の舞台になったモニュメントバレーの景色が出てくる。いかにも西部の景色。このイギリス人の監督がアメリカの景色を撮っているのが新鮮でいいんですね。

二人が逃げていくうちに、今までの生活を忘れて、どんどん気持ちが高揚して、行動的な女に変わっていく。そこがすごいんだね。へんな言い方ですけれど、見ていると、この二人に、もっとやれ、もっとやれという気持ちになってくるのね。途中でスーパーを襲ったり、パトカーの警官をいじめたり、タンクローリーを燃やしちゃったりする。そのあたりのすごいこと。これが十五、六歳の女同士ではなく、中年の、いい年をした女同士だから面白いんですね。強い連帯感に結ばれて、逃げているくせに女たちの顔は明るく輝く。最後はどうなるのか。女の感覚を見事に溢らせたロード・ムーヴィーの傑作です。

連帯感で結ばれた中年女二人組の、解放感に溢れたロード・ムーヴィーの傑作。

94

さらば、わが愛／覇王別姫

覇王別姫 /Farewell To My Concubine

チェン・カイコー（陳凱歌）

93／香港／172分／製＝シュー・ホン、他／製・監＝チェン・カイコー（陳凱歌）／脚＝リー・ピクワー、ルー・ウェイ／撮＝クー・チャンウェイ／音＝チャオ・チーピン／出＝レスリー・チャン、チャン・フォンイー、コン・リー、ルオ・ツァイ、フェイ・カン

解説　京劇十八番『覇王別姫』の人気コンビの女形チョン・ティエイー（レスリー・チャン）は、男役シャオロウ（チャン・フォンイー）と子供のころから兄弟のように生き、恋心を抱いていたが、シャオロウが娼婦（コン・リー）と結婚、嫉妬する。中国の近、現代史の流れの中で二人の生きざまをチェン・カイコー監督が壮大に描く。

ハイ淀川です　京劇が大好きな私には、この映画が目に沁み込みました。これは京劇の女形と男優のホモ物語。ストーリーは絢爛たる虹色ですね。兄弟のように育ったチョンとシャオロウがどんな生き方をするのか。厳しく描かれて、それが中国の戦争の歴史の中で語られていきます。中国にはこんなすごい歴史があったのか。今さらのようにその歴史の厚味を目で見せてくれました。歴史の勉強をさせてくれる。チェン・カイコーの重厚な演出は見事でまさに大作。この人は中国の溝口健二ですね。この中国のエネルギーはただごとではありません。

そしてそれよりなにより、私の見どころは京劇の舞台ですね。京劇の訓練学校で厳しい厳しい訓練を受けるところ。ああ、こうやって京劇を体で身につけていくのか。涙が出るほどすごい。さらに『覇王別姫』の舞台の華麗な美しさ。見惚れてしまいます。

私はむかしむかし、中国の有名なメイ・ランファンの舞台を日本で見ました。その飛びはねる舞台の動き。もう虜になりました。京劇というのは、そのしぐさ、にらみや悲しみは日本の歌舞伎そっくりですが、舞台の役者本人が歌うところが日本と違って面白いんですね。というわけで、この映画、欲を言えばもっと専門的なところが見たかった。

京劇の舞台、重厚な演出。チェン・カイコーは中国の溝口健二ですね。

95

ナイトメアー・ビフォア・クリスマス

The Nightmare Before Christmas

ヘンリー・セレック

93／米／76分／製＝デニーズ・ディ・ノーヴィ、ティム・バートン／監＝ヘンリー・セレック／脚＝キャロライン・トンプソン／撮＝ピート・コザチク／音＝ダニー・エルフマン／出＝（声）ダニー・エルフマン、クリス・サランドン、キャサリン・オハラ、ウィリアム・ヒッキー、グレン・シャディックス

解説　『ビートルジュース』『シザーハンズ』で独特なファンタジックな世界を生み出したティム・バートンが製作、原案、キャラクターを設定した異色人形アニメの傑作。ハロウィンの賑わい。さらに主人公ジャックが迷い込んだクリスマス・タウンの白雪の魅惑的な世界などをミュージカル仕立てのファンタジーで盛りあげる。

ハイ淀川です　アニメに飽きてきた人でも、この映画を見たら、びっくりなさるでしょう。この人形の動きの美しいこと。日本の文楽人形のあの手、あの首のような動きに通じるものがあるんですね。でも、こちらの動きはグロテスク。グロテスクだけど美術です。

実はディズニーのスタッフの中に、昔からグロテスク好きの連中がいたんですね。ガイコツの踊りみたいなものを作っていました。でも、ディズニーの趣味ではないのでストップさせられました。

それを今回、ティム・バートンが製作、原案でつくりました。アメリカがこんな美術人形をつくったことがなんともうれしい。もう乾杯したい気持ちです。

お話は、ハロウィンをクリスマスにやろうということになって、いろいろのオバケ人形が総動員される。あの『アダムス・ファミリー』のタッチなんです。

このストーリーもいいですけれど、見どころは人形の動きですよ。その動きの素晴らしさ、そのリズム、テンポ、グロテスク美術のなんたる面白さ。

バレエファンは、この動きにため息をつかれるでしょう。ぜひ、一流のバレエの舞台を見るような豪華な気分でごらんなさい。近ごろアメリカ映画が弱くなって、がっくりしていたら、こんな見事な秀作と出会えました。うれしかったですよ。

人形の動きの美しいこと。グロテスクだけど美術です。

ピアノ・レッスン

The Piano

96

ジェーン・カンピオン

93／オーストラリア／121分／製＝ジェーン・チャップマン／監・脚＝ジェーン・カンピオン／撮＝スチュアート・ドライバーグ／音＝マイケル・ナイマン／出＝ホリー・ハンター、アンナ・パキン、ハーヴェイ・カイテル、サム・ニール、ジュヌヴィエーヴ・レモン

解説　十九世紀半ば。言葉が話せないエイダ（ホリー・ハンター）は、一人娘（アンナ・パキン）と一台のピアノを持ってスコットランドからニュージーランドの男に嫁ぐ。そこで彼女は原住民の地主ヘインズ（ハーヴェイ・カイテル）にピアノを教えるが、徐々にヘインズに惹かれていく。カンピオン監督。アカデミー主演女優賞など三部門受賞。

ハイ淀川です　なぜ、このエイダという女は、ピアノを手から離すことができないのか。そこがこの映画の面白いところですね。

この女は気取って上品ぶっているけれど、十歳の女の子がいるんだから、セックスの経験はあるんですね。どうして生まれたのか。あるいは男に捨てられて島に来たのか。映画では説明されていません。でも、『欲望という名の電車』のブランチとよく似た女ですね。男が欲しいのにピアノでイライラをごまかしている。禁欲のはけ口が一台のピアノ。女の怖ろしい下品さと上品さが見事に描かれていますね。

結局、この女は、島に嫁いできたばかりなのに、島の無学な男に抱かれる。その全裸のシーン。このあたりは怖いなあ。初めて本心をさらけ出して、女の幸せを摑みますね。

さあ、船で帰る途中、ピアノが船から落ちました。このピアノ、もうおわかりでしょう。男性の性器だったんですね。だから男の性器代わりのピアノは不用になったんです。このピアノが落ちたとき、女は死んだんじゃありませんよ。この瞬間、女はこの男と生きることに目覚めたんです。ピアノから人間の男を摑むあたりがこの映画のポイント。

というわけで、女性監督のカンピオンが、女の香り、女の匂いを溢らせた見事な作品をつくりました。私のお気に入りの名作の一本となりました。

このピアノ、もうおわかりでしょう。男性の性器だったんですね。

日の名残り
The Remains Of The Day

97

ジェームズ・アイヴォリー

93／米／134分／製＝マイク・ニコルズ、他／監＝ジェームズ・アイヴォリー／脚＝ルース・プラバー・ジャブバーラ／撮＝トニー・ピアース・ロバーツ／音楽＝リチャード・ロビンズ／出＝アンソニー・ホプキンス、エマ・トンプソン、クリストファー・リーヴ、ピーター・ヴォーン、ジェームズ・フォックス

解説　ノーベル賞作家となる英国の日系人作家カズオ・イシグロの同名小説をジェームズ・アイヴォリー監督が映画化。名門貴族に仕えひたすら職務に忠実な執事スティーヴンス（アンソニー・ホプキンス）は、メイド頭ケントン（エマ・トンプソン）から思いを寄せられる。お互いの気持ちがわかっていながら成就しなかった恋を味わい深く描く。

ハイ淀川です　ジェームズ・アイヴォリー。この監督、『眺めのいい部屋』『モーリス』『ハワーズ・エンド』を撮りました。すべてイギリスの上流階級を描いている。アメリカ人なのにイギリス趣味。面白いなあ。私のごひいきの監督です。

この映画、『ピアノ・レッスン』が女の映画なら、これは男の映画です。この執事はお家に仕えることを誇りに思っているの。教授みたいな人。上等な恋愛小説を読んで、教養も身につけているのに、目の前の恋を取り逃してしまうんですね。美しいメイド頭に恋しているのに愛していると言えない。そのくせ一度は女と激しい接吻をしたのに、好きですと言えないの。しかし、この接吻が逆に相手をどれだけ苦しめさせ、悲しくさせるか。

結局、女はあきらめて他の男と結婚してしまいます。たまたま、レストランで再会したとき、結婚したことを聞かされて、安心して、ああ、よかったと思う。「ブルー・ムーン」の音楽が流れている。はたから見ると中年の夫婦のように見える。この海の匂いのする寂しいシーン。胸がつまります。アンソニー・ホプキンスとエマ・トンプソンの大人の渋い渋い演技。これは見どころですね。

ラストは悲しくって残酷で静かなシーン。ちょっと他に思い出せないくらいいい。ものの言えぬ男と愛を待ち続けた女。恋の悲しさを残酷に描いた名作です。

彼女を好きと言えない中年の執事。恋の悲しさを残酷に描いた「男の映画」。

オリーブの林をぬけて

Through The Olive Trees

98

アッバス・キアロスタミ

94／イラン／103分／製・監・脚＝アッバス・キアロスタミ／撮＝ホセイン・ジャファリアン、ファルハット・サバ／音＝マハムード・サマクバシ／出＝ホセイン・レザイ、タヘレ・ラダニアン、モハマッド・アリ・ケシャバーズ、ザリフェ・シバ、ファルハッド・ケラドマン

解説　撮影の雑用係ホセイン（ホセイン・レザイ）は『オリーブの林をぬけて』の夫役に抜擢されるが、妻役は以前から恋しているタヘレ（タヘレ・ラダニアン）だった。ホセインは撮影の合間をぬって彼女に求婚。クランクアップの日。彼女の返事をもらうためにオリーブの林をぬけひた走る。イラン映画を世界に知らしめたアッバス・キアロスタミ監督のラブ・ストーリー。

ハイ淀川です　この若者の恋の一念。男の恋のはかなさ。命がけの恋のいじらしさが目に沁み込んできますね。

この映画の命は、この若者、あの若い男が彼女を一途に思う愛です。彼女が忘れられないで、毎夜、彼女の家の窓の下で口笛を吹いて誘うむなしさと苦しさ。それを聞く相手の女はもっと苦しいでしょう。愛とは何か。恋とは何かを見事に描きました。

そして、ラストシーンの素晴らしさ。冬の虹を思わせ、胸をときめかすこのラスト。近ごろ、こんな素晴らしいラストシーンはなかった。野原のロングショット。彼女は一本道を走るように歩いていく。それを若者が追い駆けます。それまで遠慮がちに彼女に話しかけていた彼は、もう、これまで、と思った。そこで駆けた。駆けた。彼女に追いついた。ロングショットです。見ているほうは、ここで若者は彼女からはっきり答をもらったことをうかがうように知りますね。そして、彼女はくるりと回って、こちらに向かって走ってくる。イエスか。ノーか。彼女はどう返事するのだろうか。この長い長いシーン。

この映画、ワイラーの『コレクター』に迫り、デヴィッド・リーンの『旅情』を思わせます。それにこの構成はヒッチコック映画のムード。イランのキアロスタミは野趣的な手法の中にモダンさを感じさせました。私のおすすめの愛の名作です。


彼女の答はイエスか。ノーか。見事なラストシーンのロングショット。

スモーク
Smoke

99

ウェイン・ワン

95／米・日／113分／製＝ピーター・ニューマン、グレッグ・ジョンソン、堀越謙三、黒岩久美／監＝ウェイン・ワン／脚＝ポール・オースター／撮＝アダム・ホランダー／音＝レイチェル・ポートマン／出＝ハーヴェイ・カイテル、ウィリアム・ハート、フォレスト・ウィテカー、ハロルド・ペリノー・ジュニア、ストッカード・チャニング

解説　ブルックリンの街角のタバコ屋を舞台に、毎朝店先の同じ場所で写真を撮り続けている店主（ハーヴェイ・カイテル）、常連客でスランプ気味の作家ポール（ウィリアム・ハート）、ギャングに追われている黒人少年トーマス（ハロルド・ペリノー）と彼を捨てた父などが織りなすウェイン・ワン監督の人間ドラマの好編。原作もポール・オースター。

ハイ淀川です　この映画を見た日、その晩の食事のおいしかったこと。私はこの映画、すっかり気に入りました。

ウェイン・ワンという監督、『ジョイ・ラック・クラブ』を見ました。中国女性四人の物語。よかった。今回は男ばかり三人の物語。この映画、ブルックリンの小さなタバコ屋に、人の世の人情が沁み込んでいる。それがこの監督の狙いですね。

タバコ屋のおやじのところに十八年前に別れた女が訪ねてくる。金の無心かと思ったら違うのね。娘が麻薬中毒でしかも妊娠して困っているという相談なの。このシーン。冬の雪の日に女が来るような描き方をしなかった。昼間の公園を歩きながら話す。このあたりが巧い。亭主と別れて娘を育ててきた、その生きざまと女のつらさが出ている。江戸芝居の芸者の女の香りを感じさせるストッカード・チャニングの演技は最高です。

このタバコ屋のおやじのハーヴェイ・カイテル、そこに出入りする売れない作家のウィリアム・ハート、車の修理工場のフォレスト・ウィテカー。それに少年のハロルド・ペリノー・ジュニアが舞台まわしの役で、それぞれの人生スケッチ、運命が綴られていくあたり。四十七歳のウェイン・ワン監督は、ほんものの芸を摑み出しました。まさにこの映画は心温かいクラシック。捨てがたい映画の宝石です。

ブルックリンの小さなタバコ屋に、人の世の人情が沁み込んでいる。

100

キッズ・リターン

Kids Return

北野武

96／日／98分／製＝森昌行、柘植靖司、吉田多喜男／監・脚＝北野武／撮＝柳島克己／音＝久石譲／出＝安藤政信、金子賢、石橋凌、森本レオ、山谷初男、モロ師岡、寺島進、津田寛治、大家由祐子、大杉漣

解説　北野武監督が落ちこぼれの若者たちの孤独を描いた青春映画。高校生のシンジ（安藤政信）とマサル（金子賢）は、学校をさぼってカツアゲや悪ふざけの日々を過ごしているが、ある日、ボクシングジムに入門。素質のあったシンジはボクシングの道を進み、マサルはヤクザの道に入る。やがて、二人は再会するが…。

ハイ淀川です　この映画、二人の若者が、一人は前向き、もう一人は後ろ向きになって自転車に乗るシーンがあるんです。

このシチュエーションになんとも知れん淋しさを感じました。行くあてがない二人。俺たちはどうしたらいいんだろうという感覚が溢れ出ました。この映画の構図。あの二人がオートバイに乗っていたらガックリだ。このあたりの鋭い感覚がいいんですね。

この映画は、若い落ちこぼれの二人がどんなに悲しい、つまらない人生を送っているのかという孤独が見事に出ました。ボクシングをしてポンポン打つあたり。若者の悲しみ、怒り、むなしさ、誰かにすがりたい気持ちが溢れています。これは男の映画。

この北野武。はじめのころ、私は鼻持ちならなかったのね。『その男、凶暴につき』とか『3－4X10月』とかキザな題名をつけて、俺はこんな映画を撮ったんだぞ、という態度が見え見えだった。

ところが『あの夏、いちばん静かな海。』を見たとき、びっくりした。ほんまに、あのたけしが撮ったんかいな。ファーストシーンを見て涙が出ました。ナイーブでやさしい映画でした。それから見直しました。よくなってきた。映画の詩人だ。日本映画の中でもずば抜けている。この映画を笑いながら面白がりながら、この若者の悲しさを見て下さい。

前向き、後ろ向きに自転車に乗るシーン。北野武は映画の詩人だ。

タイトル索引

＊主要参考文献一覧

作成にあたり参考にした主な文献などは以下の通りである。

◎TV番組――『淀川長治映画の部屋』『淀川長治の部屋』（テレビ東京）
◎新聞――『淀川長治の銀幕旅行』（産経新聞連載）
◎書籍――『私の映画の部屋』（ＴＢＳブリタニカ，1976）／『続・私の映画の部屋』（ＴＢＳブリタニカ，1976）／『続々・私の映画の部屋』（ＴＢＳブリタニカ，1976）／『私のチャップリン』（ＰＨＰ研究所，1977）／『新・私の映画の部屋』（ＴＢＳブリタニカ，1978）／『新々・私の映画の部屋』（ＴＢＳブリタニカ，1978）／『映画となると話はどこからでも始まる』（勁文社，1985）／『映画のおしゃべり箱』（中央公論社，1986）／『淀川長治集成　1』（芳賀書店，1987）／『淀川長治集成　2』（芳賀書店，1987）／『映画千夜一夜』（中央公論社，1988）／『淀川長治の活動大写真』（朝日新聞社，1989）／『淀川長治「映画の部屋」』（徳間書店，1990）／『映画のおしゃべり箱』（中公文庫，1990）／『淀川長治の「1/24秒」』（徳間書店，1990）／『淀川長治シネマパラダイス』（集英社，1992）／『私は映画からいっぱい愛をもらった』（徳間書店，1992）／『「洋画」ビデオで見たいベスト150』（日本文芸社，1992）／『映画とともにいつまでも』（新日本出版社，1992）／『わが映画人生に悔なし』（日本文芸社，1993）／『還暦なんかブッとばせ』（徳間書店，1993）／『日々快楽』（大和書房，1994）／『淀川長治映画塾』（講談社，1995）／『映画が教えてくれた大切なこと』（ＴＢＳブリタニカ，1995）／『男と男のいる映画』（青土社，1996）／『ぼくが天国でもみたいアメリカ映画100』（講談社，1998）／『最後のサヨナラサヨナラサヨナラ』（集英社，1999）／『映画監督愛』（河出書房新社，1999）

制作協力――宮本敬子

淀川長治映画ベストテン

私とベスト10

　私が、ベスト10を選出するようになったのは、1948年度からなんですね。毎年、選ぶ度に、本当に命ちぢめてます。ベスト10を『キネマ旬報』で載せるようになったのは、1924年度です。1924年といいますと、大正13年です。どのように選んだかというと、読者のハガキでの投票だったのね。その結果、「芸術的に最も優れた作品」の1位になったのがチャップリンの「巴里の女性」で、「娯楽的に最も優れた映画」の1位になったのがジェイムズ・クルーズの「幌馬車」でした。

　映画をこういうふうに分けるのは、いかにもおかしいということで、1926年度からは、日本映画のベスト10と外国映画のベスト10が選ばれるようになったんですね。

このときの1位に、またチャップリンの「黄金狂時代」が選ばれているんです。日本映画の1位は阿部豊の「足にさはつた女」でした。外国映画のベスト10が選考されたのは、1940年度までなんですね。戦争で中断しちゃうのね。その昭和15年度の1位がレニ・リーフェンシュタールの「民族の祭典」、2位がジョン・フォードの「駅馬車」でした。

チャップリンは、私の神様ですけど、「駅馬車」は私の命です。

再びベスト10が復活するのは、終戦の明くる1946（昭和21）年度からなんですね。外国映画のベスト10は、1位の「我が道を往く」（レオ・マッケリー）から10位（同票）の「幽霊紐育を歩く」（アレクサンダー・ホール）「悪魔の金」（ウィリアム・ディーターレ）まで、全部がアメリカ映画なの。1947年度の1位はヒッチコックの「断崖」、2位がジョン・フォードの「荒野の決闘」でした。

というわけで、ここに載せたベスト10は、私が1948年度から選んだものです。1955年度から1957年度は、私が編集長をしていた「映画の友」に発表したものです。けど、あとは、全部「キネマ旬報」に載せたものです。1951年度と1953年度は、アメリカへ行ってたりしてましして、選考していません。

こうして、順番に見てみると、最近はアメリカ映画のパワーがちょっと落ちてきていて、何ともしれん淋しい気持ちになりますね。

映画ベスト10　１９４８〜１９９７

１９４８年度（『キネマ旬報』'49年2月下旬号）

〈外国映画〉

1 ヘンリィ五世（ローレンス・オリヴィエ監督）
2 美女と野獣（ジャン・コクトー監督）
3 我等の生涯の最良の年（ウィリアム・ワイラー監督）
4 逢びき（デヴィッド・リーン監督）
5 旅路の果て（ジュリアン・デュヴィヴィエ監督）
6 ミネソタの娘（ヘンリー・C・ポッター監督）
7 悪魔が夜来る（マルセル・カルネ監督）
8 海の牙（ルネ・クレマン監督）
9 オヴァランダース（ハリー・ワット監督）
10 失われた週末（ビリー・ワイルダー監督）

アメリカ映画とフランス映画を混合して選ぶことは大変むつかしい。フランス映画の芸術的な香りから見れば「ミネソタの娘」の上に「悪魔が夜来る」が置かれるべきだろうし、アメリカ映画の社会性に重点を置けば「三十四丁目の奇蹟」「アンナとシャム王」も当然ベスト内に置きたい。また映画の製作年度の点で「旅路の果て」を同時に加算することにも多少の疑問を感じた。そこですべてそれらの中庸をとって十作品を選んだ。

1949年度（『キネマ旬報』'50年2月下旬号）

〈外国映画〉

1 **大いなる幻影**（ジャン・ルノワール監督）
2 **戦火のかなた**（ロベルト・ロッセリーニ監督）
3 **ママの想い出**（ジョージ・スティーヴンス監督）
4 **平和に生きる**（ルイジ・ザンパ監督）
5 **恐るべき親達**（ジャン・コクトー監督）
6 **ハムレット**（ローレンス・オリヴィエ監督）
7 **打撃王**（サム・ウッド監督）

8　**仔鹿物語**（クラレンス・ブラウン監督）
9　**裸の町**（ジュールス・ダッシン監督）
10　**バラ色の人生**（ジャン・フォーレ監督）

「大いなる幻影」「戦火のかなた」「ハムレット」は番外に置くべき作品であろう。あえてここに加えた場合、「ハムレット」が第六位となった理由はこれが厳密にいって、シェイクスピアの古典を映画にこなしきったとはいえ、完璧の（映画）ではないという点、そういう見解からであって、作品としては特別番外の位置に置かれるべきベスト作品である。戦後の日本封切映画は製作年度が不順なのでベスト・テン考査は大変困難である。

1950年度（『キネマ旬報』'51年2月下旬号）
〈外国映画〉
1　**自転車泥棒**（ヴィットリオ・デ・シーカ監督）〔一〇〇〕
2　**赤い靴**（マイケル・パウエル&エメリック・プレスバーガー監督）〔九八〕
3　**三人の妻への手紙**（ジョゼフ・L・マンキーウィッツ監督）〔九〇〕
4　**女相続人**（ウィリアム・ワイラー監督）〔八五〕

4　**虹を摑む男**（ノーマン・Z・マクロード監督）〔八五〕
6　**窓**（テッド・テズラフ監督）〔八〇〕
6　**靴みがき**（ヴィットリオ・デ・シーカ監督）〔八〇〕
8　**情婦マノン**（アンリ＝ジョルジュ・クルーゾー監督）〔七五〕
8　**天国への階段**（マイケル・パウエル＆エメリック・プレスバーガー監督）〔七五〕
10　**のんき大将・脱線の巻**（ジャック・タチ監督）〔七一〕

〔　〕内は点数。

「白雪姫」は別格にして頂きたい。「嵐ケ丘」は十余年前にその年の作品をならべて選定し得るも今日の作品と同時に比較点記を行うことは困るので避けた。

厳格にいって映画という純粋の立場からいえば「赤い靴」は「三人の妻への手紙」以下となるかもしれない。けれども映画の果し得る最大の力を発揮している故に上位に敢えて置くことにした。

「無防備都市」はこの映画作者の心の冷たさが作品地位を低めているので、とらない。「のんき大将・脱線の巻」はもっと上位に置きたい程のアヴァンガルド的な魅力を感じたけれども好みの傾向がつよすぎるので敢えて七一点というところに置くこととした。

なお「他人の家」「イースター・パレード」「戦場」「荒野の抱擁」「密告」「死の谷」等もベスト・テン候補に一応入れてみた。

1952年度（『キネマ旬報』'53年2月上旬号）

〈外国映画〉

1 **巴里のアメリカ人**（ヴィンセント・ミネリ監督）
2 **チャップリンの殺人狂時代**（チャールズ・チャップリン監督）
3 **河**（ジャン・ルノワール監督）
4 **第三の男**（キャロル・リード監督）
5 **令嬢ジュリー**（アルフ・シェーベルイ監督）
6 **ミラノの奇蹟**（ヴィットリオ・デ・シーカ監督）
7 **アフリカの女王**（ジョン・ヒューストン監督）
8 **天井桟敷の人々**（マルセル・カルネ監督）
9 **陽のあたる場所**（ジョージ・スティーヴンス監督）
10 **ホフマン物語**（マイケル・パウエル&エメリック・プレスバーガー監督）

やはり「巴里のアメリカ人」を推せん第一位とした。これは私の趣味（好み）と映画芸術の優秀さがぴったり一致したから嬉しかった。実はこの年は私のこの第八位までは優劣のないツブぞろいであって順位をつけるのには大変苦労した。「ミラノ」などは特にその順位にまどってしまったものである。「巴里のアメリカ人」はキメが細かく色彩の芸術の高さの割に誰もが面白く解り易く、しかも楽しく見られる点、とくに、それを推せんした。

〈日本映画〉

1　**生きる**（黒澤明監督）
2　カルメン**純情す**（木下惠介監督）
3　**本日休診**（渋谷実監督）
4　**稲妻**（成瀬巳喜男監督）
5　**現代人**（渋谷実監督）
6　**虎の尾を踏む男達**（黒澤明監督）
7　**西鶴一代女**（溝口健二監督）
8　おかあさん（成瀬巳喜男監督）
9　**慟哭**（佐分利信監督）
10　**大仏さまと子供たち**（清水宏監督）

「生きる」はこの年の日本映画界の話題となった。映画というものに少しばかりの興味を持っている人たちにもこれだけは話題となっていたようである。そして等しく若い人たちを感激させていた。そうだからといって一位に推したのではないが、正直にいって、そのことも一面、私には一つの理由となっている、第一位である。作者の熱意がこれほどあふれた作品も珍らしい。それは少しのキズをも云々させぬ程の強力なものを感じさせる。

1954年度（『キネマ旬報』'55年2月上旬号）

〈外国映画〉

1　**嘆きのテレーズ**（マルセル・カルネ監督）
2　**恐怖の報酬**（アンリ＝ジョルジュ・クルーゾー監督）
3　**偽りの花園**（ウィリアム・ワイラー監督）
4　**ロミオとジュリエット**（レナート・カステラーニ監督）
5　**しのび逢い**（ルネ・クレマン監督）
6　**波止場**（エリア・カザン監督）
7　**青い麦**（クロード・オータン＝ララ監督）

8　**掠奪された七人の花嫁**（スタンリー・ドーネン監督）
9　**狂熱の孤独**（イヴ・アレグレ監督）
10　**ローマの休日**（ウィリアム・ワイラー監督）

好きな「ロミオ」が第四位になりました。立派だけれど、どこか映画として破調があるのでしょう。あれほどの感激が、印象を弱める筈がないのに「テレーズ」の強烈にはとうてい及ばないのです。「エヴェレスト征服」は同列に加えるのですか。ずるいが記録映画としての番外ベスト・ワンということにさせて下さい。「夜ごとの美女」「アンリエットの巴里祭」「陽気なドン・カミロ」、この三本非常に好きですが、傾いた面白さじゃないでしょうか。はみ出した理由が私にはそうなんですが。

〈日本映画〉
1　**女の園**（木下惠介監督）
2　**二十四の瞳**（木下惠介監督）
3　**山の音**（成瀬巳喜男監督）
4　**黒い潮**（山村聰監督）
5　**近松物語**（溝口健二監督）

6　**大阪の宿**（五所平之助監督）
7　**晩菊**（成瀬巳喜男監督）
8　**春琴物語**（伊藤大輔監督）
9　**七人の侍**（黒澤明監督）
10　**若い人たち**（吉村公三郎監督）

映画が社会に与えた大きな功績と、映画の美しさをふんだんに見せた映画と、その場合、厳格に映画というものを採点すればする程その比較は困難となりますが、やはり後者だと思います。「この広い空のどこかに」は見落しました。「山椒大夫」「勲章」「叛乱」「足摺岬」は勿論見ております。「山の音」の三位と、「若い人たち」の十位はそれぞれの位置に置きましたが好きな映画です。

1955年度（『映画の友』'56年2月号）
〈外国映画〉
1　**エデンの東**（エリア・カザン監督）
2　**やぶにらみの暴君**（ポール・グリモー監督）
3　**旅情**（デヴィッド・リーン監督）

4　**ナポリの饗宴**（エットーレ・ジャンニーニ監督）
5　**夏の嵐**（ルキノ・ヴィスコンティ監督）
6　**フレンチ・カンカン**（ジャン・ルノワール監督）
7　**裏窓**（アルフレッド・ヒッチコック監督）
8　**悪魔のような女**（アンリ＝ジョルジュ・クルーゾー監督）
9　**洪水の前**（アンドレ・カイヤット監督）
10　**現金に手を出すな**（ジャック・ベッケル監督）
（但し記録映画は加算しませんでした）
〈監督〉エリア・カザン（エデンの東）
〈男優〉ヘンリイ・フォンダ（ミスタア・ロバーツ）
〈女優〉キャサリン・ヘップバーン（旅情）

1956年度（『映画の友』'57年3月号）

〈外国映画〉
1　**居酒屋**（ルネ・クレマン監督）
2　**ピクニック**（ジョシュア・ローガン監督）
3　**歴史は女で作られる**（マックス・オフュルス監督）

4　黄金の腕（オットー・プレミンジャー監督）
5　王様と私（ウォルター・ラング監督）
6　リチャード三世（ローレンス・オリヴィエ監督）
7　白鯨（ジョン・ヒューストン監督）
8　必死の逃亡者（ウィリアム・ワイラー監督）
9　夜の騎士道（ルネ・クレール監督）
10　ジャイアンツ（ジョージ・スティーヴンス監督）
11　ハリーの災難（アルフレッド・ヒッチコック監督）
12　最後の橋（ヘルムート・コイトナー監督）
13　バラの刺青（ダニエル・マン監督）
14　野郎どもと女たち（ジョゼフ・L・マンキーウィッツ監督）
15　バス停留所（ジョシュア・ローガン監督）
16　殺意の瞬間（ジュリアン・デュヴィヴィエ監督）
17　戦争と平和（キング・ヴィダー監督）
18　われら巴里っ子（マルセル・カルネ監督）
19　わんわん物語（ハミルトン・ラスク&クライド・ジョロニミ&ウィルフレッド・ジャクソン監督）

20　オセロ（セルゲイ・ユトゲーヴィッチ監督）

きびしい映画採点からいえばワイラアの「必死の逃亡者」はもっと上位にあるべきと思うが色も香もない秀才の答案を見ているようで嬉しくなかった。こんなベスト・テン表の場合でも少しは自分の好みがほしい。それを押えてはワイラアのこんどの答案みたいになりそうだ。だが映画点数のオキテを考え、それでも大まじめに苦心した。遠慮なく好みからいえば「歴史は女で作られる」「王様と私」「ハリーの災難」「バラの刺青」などにもっと点数を加え、更に「殴られる男」と「灰色の服を着た男」も加えたかった。「空中ぶらんこ」と「捜索者」は見落したのではなく、この愛すべき二人の大家の失敗作だと思ったからだ。

「歴史は女で作られる」は、あの安っぽいロラ・モンテスの伝説から、かくも見事な映画を生んだオフュルスに圧倒されたからである。肉体がもとになる演劇では、とうてい果し得ない映画という世界のなかで彼は自由ほん放の感覚をひらめかした。光が白い壁にあたって、その映像を楽しむ映画というものが持つ光の芸術には、そのために持って生れた「幻戯」の香りが妖しくつきまとう。それは時には広大な実写のシーン、それが西部の平原でもあり砂漠でもあり汽車でもありブロードウェイ大通りを捕えて画面上にそっくりそのまま再映再演して見せ得るのでもあるが、この「歴史は女で作られる」はもっと映画のオリジンをつかみ出してくれた事に感激してしまった。コクトオがいつもそれを摑もうとする。要するに匂いである。それを摑んだ映画は一万本に一本とは生れない。いらついてやけくそになった瞬間にそれを摑んだのが短篇「線と色の即興詩」である。オフュルスを私はここに感激して見直した。
（日本映画は「あなた買います」をミスしたので口惜しいが棄権させて頂いた。「ビルマの竪琴」「流れる」「猫と庄造と二人のをんな」「太陽とバラ」「赤線地帯」の五本を私のベスト・ファイブとしてここに附記しておく）

〈外国ノン・フィクション〉

1　**赤い風船**（アルベール・ラモリス監督）
2　**沈黙の世界**（ジャック・イヴ・クストー監督）
3　**プカドン交響楽**（チャールズ・A・ニコルズ&ウォード・キンボール監督）
4　**線と色の即興詩**（ノーマン・マクラレン監督）
5　**失われた大陸**（レオナルド・ボンツイ監督）
6　**滅びゆく大草原**（ジェームズ・アルガー監督）

「ピカソ・この天才を見よ」と「スイス」を加えられないのは気になった。この二篇のどちらがいいかといわれると「スイス」と答えたい。「ピカソ・この天才を見よ」は中味はすごく面白いがそれをフィルムに移した人にピカソの感覚のなにものもなかったのは甚だ残念であった。

（日本短篇は殆んど見ていないので伏して作者がたにあやまらねばならない。その少数の中のベスト・ワンは「絵を描く子供たち」。同じ作者の「双生児学級」も外国の短篇よりも数段上等である。「カラコルム」は別格あつかいしたい立派なものであった。これが私のベスト・スリー）

1957年度（『映画の友』'58年3月号）

〈外国映画〉

1 **戦場にかける橋**（デヴィッド・リーン監督）
2 **リラの門**（ルネ・クレール監督）
3 **翼よ！あれが巴里の灯だ**（ビリー・ワイルダー監督）
4 **カビリアの夜**（フェデリコ・フェリーニ監督）
5 **ベビイ・ドール**（エリア・カザン監督）
6 **抵抗**（ロベール・ブレッソン監督）
7 **友情ある説得**（ウィリアム・ワイラー監督）

8　**汚れなき悪戯**（ラディスラオ・ヴァホダ監督）
9　**夜を逃れて**（フレッド・ジンネマン監督）
10　**最前線**（アンソニー・マン監督）
11　**道**（フェデリコ・フェリーニ監督）
12　**間違えられた男**（アルフレッド・ヒッチコック監督）
13　**王子と踊子**（ローレンス・オリヴィエ監督）
14　**屋根**（ヴィットリオ・デ・シーカ監督）
15　**夏の夜は三たび微笑む**（イングマール・ベルイマン監督）
16　**宿命**（ジュールス・ダッシン監督）
17　**八月十五夜の茶屋**（ダニエル・マン監督）
18　**パリの恋人**（スタンリー・ドーネン監督）
19　**遥かなる国から来た男**（マルセル・カルネ監督）
20　**昼下りの情事**（ビリー・ワイルダー監督）

カザンの「群集の中の一つの顔」がベスト二〇作品からはみ出した。好きだけれど入れるとすると何度書き直してもはみ出したからあきらめた。かかるベスト・チョイスの時は好きと映画の完ぺきとかが混合してその両方によろめいてしまう。その点で

「ベビイ・ドール」は一番にしたかったのを抑えた。カザンが好きというわけではなく、「ベビイ・ドール」は映画としてとてもやれぬものをやりきった作品である。「道」は映画にへつらった。「カビリアの夜」の方が私には何倍か瑞々しかった。「サヨナラ」もすごくいい。しかし映画のワクからはみ出した。これは見事な演劇だった。

〈日本映画〉

1 **喜びも悲しみも幾歳月**（木下惠介監督）
2 あらくれ（成瀬巳喜男監督）
3 **幕末太陽伝**（川島雄三監督）
4 **米**（今井正監督）
5 **大阪物語**（吉村公三郎監督）
6 **蜘蛛巣城**（黒澤明監督）
7 **風前の灯**（木下惠介監督）
8 **正義派**（渋谷実監督）
9 **異母兄弟**（家城巳代治監督）
10 **純愛物語**（今井正監督）

11　**雪国**（豊田四郎監督）
12　**どん底**（黒澤明監督）
13　**東京暮色**（小津安二郎監督）
14　**気違い部落**（渋谷実監督）
15　**殺したのは誰だ**（中平康監督）
16　**どたんば**（内田吐夢監督）
17　**くちづけ**（増村保造監督）
18　**集金旅行**（中村登監督）
19　**街燈**（中平康監督）
20　**白夜の妖女**（滝沢英輔監督）

「喜びも悲しみも」と「風前の灯」となら後者の方が正直私には面白かった。「風前」は一ッ気に見た。「喜びも悲しみも」は、しかしスケールの点で尊敬したい。スケールというのは最大公約数の心を摑んでしまうその作者の愛情の堂々さである。

「大阪物語」は吉村映画の中では私には珠玉に思える。

「米」は演出が貧相であれだけの日本映画に見られぬロケの強さ記録映画タッチを持ちながらむらだらけ。今年の日本映画への拍手は「幕末太陽伝」。それと「くちづけ」の増村監督の日本映画には珍らしいタイプのお洒落な演出。「明治天皇と日露大戦争」はベスト二〇とは別に私には別格としてほめて上げたい大作であった。

1958年度（『キネマ旬報』'59年2月上旬号）

〈外国映画〉

1　**白夜**（ルキノ・ヴィスコンティ監督）
2　**大いなる西部**（ウィリアム・ワイラー監督）
3　**ぼくの伯父さん**（ジャック・タチ監督）
4　**死刑台のエレベーター**（ルイ・マル監督）
5　**女の一生**（アレクサンドル・アストリュック監督）
6　**河は呼んでる**（フランソワ・ヴィリエ監督）
7　**めまい**（アルフレッド・ヒッチコック監督）
8　**情婦**（ビリー・ワイルダー監督）
9　**鉄道員**（ピエトロ・ジェルミ監督）
10　**海の壁**（ルネ・クレマン監督）

「鍵」と「女優志願」前者はどうも私には映画が浮いて面白いこの題材が頂けなかっ

た。「女優志願」は見た日はコウフンしたのに、日がたつといかにも古めかしい。古めかしいものがいい場合と困る場合とあるが、これはモダアンな映画であるべき筈と思うだけに、妙に今日となってはすげなくなってしまった。「老人と海」は傑作だと認める。しかし映画としては疑問。

〈日本映画〉

1　**炎上**（市川崑監督）
2　**楢山節考**（木下恵介監督）
3　**彼岸花**（小津安二郎監督）
4　**隠し砦の三悪人**（黒澤明監督）
5　**杏っ子**（成瀬巳喜男監督）
6　**白蛇伝**（大川博監督）
7　**結婚のすべて**（岡本喜八監督）
8　**紅の翼**（中平康監督）
9　**裸の太陽**（家城巳代治監督）
10　**無法松の一生**（稲垣浩監督）

「この天の虹」と「弁天小僧」は、どちらもメモからはみ出してしまった。「赤い陣羽織」と「悪女の季節」は、もう一息、とにかく十本選ぶのには苦労した。

1959年度（『キネマ旬報』'60年2月上旬号）

〈外国映画〉

1　**恋人たち**（ルイ・マル監督）
2　**十二人の怒れる男**（シドニー・ルメット監督）
3　**恋の手ほどき**（ヴィンセント・ミネリ監督）
4　**いとこ同志**（クロード・シャブロル監督）
5　**青春群像**（フェデリコ・フェリーニ監督）
6　**悪魔の発明**（カレル・ゼーマン監督）
7　**年上の女**（ジャック・クレイトン監督）
8　**メイム叔母さん**（モートン・ダコスタ監督）
9　**掟**（ジュールス・ダッシン監督）
10　**可愛い悪魔**（クロード・オータン＝ララ監督）

「年上の女」「青春群像」「悪魔の発明」この三本はそのどれもがベスト・ワンにして

まちがいなしの傑作であった。それなのに、いざとなって五位以下に落ちたのは、どうしても「十二人の怒れる男」のシャープな秀才には手が出ないからであった。その「十二人の怒れる男」をこえて「恋人たち」がトップにのし上がったのは、もう理くつではなく、この映画演出の美しさ、しかも男女の恋愛描写というものが、この映画のため、これまでのどんな映画までもが嘘に見えてしまったほど美しく本物であったからである。「恋の手ほどき」はこの酔いごこちは（上等）という点でずば抜けていた。名画とはまさにかかる映画を指してこそ言えると思う。

〈日本映画〉

1　**キクとイサム**（今井正監督）
2　**鍵**（市川崑監督）
3　**にあんちゃん**（今村昌平監督）
4　**風花**（木下恵介監督）
5　**荷車の歌**（山本薩夫監督）
6　**野火**（市川崑監督）
7　**浪花の恋の物語**（内田吐夢監督）
8　**惜春鳥**（木下恵介監督）

9　お早よう（小津安二郎監督）

10　鹿島灘の女（山村聰監督）

演出と色彩から見ると「鍵」が第一位であるべきだが、それを超えて「キクとイサム」を首席に置いたのは、日本映画が戦後はじめて日本映画のワクから本格的にはみ出したこの良き企画とその描き方の正しさに脱帽。きびしさをむしろ避けたこの静かな映画の目に共感。「野火」は力作ながら血気にはやり主材に演出者が映画化以前に酔ってしまっているのはなんとしても残念。ことしの最大の楽しさは「にあんちゃん」とこの監督の力量。「鹿島灘の女」は捨てがたい映画の美しさ、日本映画のなかでは、とびぬけたほどのあるものを嗅いだ。それは映画というものの本体と言えば大げさすぎるだろうが、まさにそれを楽しんだ映画。

「人間の壁」はもしも後半の三分の一が美しければベスト・スリー以内に入れたのに、なんという子供っぽい終幕。「人間の條件」は第三・四部の方を買うのであるが、ずいぶんと目のせまい一方的な人間の条件であったことか。これはむしろ原作の罪であろうけれども。

1960年度（『キネマ旬報』'61年2月上旬号）

〈外国映画〉

1 **太陽がいっぱい**（ルネ・クレマン監督）
2 **甘い生活**（フェデリコ・フェリーニ監督）
3 **大人は判ってくれない**（フランソワ・トリュフォー監督）
4 **女はそれを待っている**（イングマール・ベルイマン監督）
5 **二重の鍵**（クロード・シャブロル監督）
6 **スリ**（ロベール・ブレッソン監督）
7 **チャップリンの独裁者**（チャールズ・チャップリン監督）
8 **ロベレ将軍**（ロベルト・ロッセリーニ監督）
9 **黒いオルフェ**（マルセル・カミュ監督）
10 **アパートの鍵貸します**（ビリー・ワイルダー監督）

一九六〇年度のなかからではチャップリンは番外にすべきであった。これを番外にはずすとヴィスコンティの「若者のすべて」とボンダルチュクの「人間の運命」のどちらかがとびこんだことだろう。「甘い生活」のクラシック派と「太陽がいっぱい」の現代感覚派の1と2は採点のつけようがない。「甘い生活」はフェリーニの変らぬただ一筋の見事な人生観の発展であり「太陽がいっぱい」はクレマンのあまりにもゆたかな現代感覚に心打たれ、あえて「太陽がいっぱい」に敬意を捧げた。ベルイマンの「女はそれを待っている」は彼の映画情熱があのきびしい黒と白の画面のなかに見事にしみこんでいた。これと同じ情熱ながらブレッソンの「スリ」にはほんの少しながら人工的に色づけをしているのが気になった。それにしてもアメリカ映画のさびしさはなんということであろう。「ベン・ハー」を加えたのにやっぱりはみ出してしまうのであった。

〈日本映画〉

1 **おとうと**（市川崑監督）
2 **笛吹川**（木下恵介監督）
3 **悪い奴ほどよく眠る**（黒澤明監督）
4 **秋日和**（小津安二郎監督）
5 **黒い画集**（堀川弘通監督）
6 **妖刀物語　花の吉原百人斬り**（内田吐夢監督）
7 **ぼんち**（市川崑監督）
8 **太陽の墓場**（大島渚監督）
9 **大いなる旅路**（関川秀雄監督）

10　**武器なき斗い**（山本薩夫監督）

「笛吹川」をウもスもなく製作と同時に放りだした松竹の欲のなさにあきれてものがいえない。これでは簡単に小才をひらめかしたハッタリのヌーヴェル・ヴァーグ臭作品を誰もが作りたくなるのは当然だ。「エラブの海」と「流転の王妃」は感覚において両極端の作品であるがともに努力賞と推したい。それが採点からはみ出したのはこの二つに努力だけでは不足の何かがあったということを惜しむ。「花の吉原百人斬り」は私の選んだたった一つの「時代劇」である。「笛吹川」を私は時代劇というつもりでは見ていない。同じように「悪い奴ほどよく眠る」も現代劇とは見ていない。それがこの二つのいわば欠点でもあった。けれども映画感覚の美しさでこの二つはすごい斬れあじを見せている。その意味で「花の吉原百人斬り」は今年の貴重な一本の時代劇であった。「豚と軍艦」は日本映画には珍らしい歯ぎれの良さを持ちながら、演出が意識過剰。

1961年度（『キネマ旬報』'62年2月上旬号）

〈外国映画〉

1　**素晴らしい風船旅行**（アルベール・ラモリス監督）

2　**処女の泉**（イングマール・ベルイマン監督）
3　**ウエスト・サイド物語**（ロバート・ワイズ監督）
4　**地下鉄のザジ**（ルイ・マル監督）
5　**荒馬と女**（ジョン・ヒューストン監督）
6　**草原の輝き**（エリア・カザン監督）
7　**真実**（アンリ＝ジョルジュ・クルーゾー監督）
8　**土曜の夜と日曜の朝**（カレル・ライス監督）
9　**アメリカの裏窓**（フランソワ・レシェンバック監督）
10　**鞄を持った女**（ヴァレリオ・ズルリーニ監督）

「日曜はダメよ」がとび出してしまった。こんな映画はバサッと入れてしまわないと考えているうちにズルズルと抜け出してしまう。

「処女の泉」と「風船」と「ウエスト・サイド物語」の三作が最秀作で、右に左に何度も置きかえるという恥ずかしさであった。本心はこの三作を蹴って「地下鉄のザジ」をトップに置こうとしたがやっぱり私はあの「ウエスト・サイド」の美しさ、あのシネ・ミュージカルにさらに上位の点数を入れぬことには寝つかれなかった。

それが、一日じゅう考えているうちに、「処女の泉」の良さと「風船」の良さが、この二つが、けっきょく最後の勝負となって、落ちついたのであった。ところで「泉」は活動写真が始まってから今日までの映画の魂と、歌舞伎と文楽とオペラの良さが入りまじった美術品であった。要するにクラシックである。ところが、そのクラシックを完全に身につけて、しかも今日に平和を歌うぎりぎりいっぱい映画以外の何物でもない「風船」が最後の決着点となった。

〈日本映画〉

1　**反逆児**（伊藤大輔監督）
2　**不良少年**（羽仁進監督）
3　**用心棒**（黒澤明監督）
4　**永遠の人**（木下惠介監督）
5　**名もなく貧しく美しく**（松山善三監督）
6　**人間の條件・完結篇**（小林正樹監督）
7　**小早川家の秋**（小津安二郎監督）
8　**女は二度生まれる**（川島雄三監督）
9　**悪名**（田中徳三監督）
10　**もず**（渋谷実監督）

ことしの日本映画で一番美しかったのは「永遠の人」であった。と同時に「用心棒」の映画遊びの楽しさにも惚れぼれした。ウェスタアンが時代劇にかくも共通の生命を持っている面白さに見とれたのであった。この「永遠の人」と「用心棒」のどちらかを一位にすべきが当然であろう。

ところが「不良少年」に示した未だ映画以前の如きこの試作には映画がこれまで侵し得なかった処女地に、大胆にも踏みこんで、その新鮮さは日本映画のリズムを突き破ったという異様な新人の力量があふれているのであった。だから「不良少年」を敢えて第一位にすべきだと考えた。

ところが、「反逆児」を見るにおよんで、この正統派には一瞬の首かしげることもなくかぶとを脱いでしまった。時代劇の風格をしめしてあまりあるこの（伊藤）大輔氏の演出の格調美。

コスチューム・プレイの美しさは、ここによみがえった。私は、思わず深呼吸をしたほどだ。

1962年度（『キネマ旬報』'63年2月上旬号）

〈外国映画〉

1 **野いちご**（イングマール・ベルイマン監督）
2 **情事**（ミケランジェロ・アントニオーニ監督）
3 **太陽はひとりぼっち**（ミケランジェロ・アントニオーニ監督）
4 **ハタリ！**（ハワード・ホークス監督）
5 **ニュールンベルグ裁判**（スタンリー・クレイマー監督）
6 **夜**（ミケランジェロ・アントニオーニ監督）
7 **私生活**（ルイ・マル監督）
8 **怒りの葡萄**（ジョン・フォード監督）
9 **血とバラ**（ロジェ・ヴァディム監督）
10 **2ペンスの希望**（レナート・カステラーニ監督）

「野いちご」はちゅうちょすることなくベスト・ワンに置いた。ところがアントニオーニの三作品はどれを順位の上下に置いてもそれなりになっとく出来る作品だから迷った。しかし酔っぱらったといえるほどの美しさと楽しさでは「情事」がいい。しかし「太陽」のあの無用物のいっさいないスッキリさもすばらしい。「尼僧ヨアンナ」がはみでたのは私としては最高最大のこれは好きな題材でありながら何故はみだしたかを何度も計算してみた。するとカワレロウィッチの演出のエネルギーが少し過じょうで胸にもたれるためだった。「私生活」と「血とバラ」にはぜいたくと言うものがある。私はぜいたくな映画がなにより好きなのである。

〈日本映画〉

1　**私は二歳**（市川崑監督）
2　**キューポラのある街**（浦山桐郎監督）
3　**椿三十郎**（黒澤明監督）
4　**おとし穴**（勅使河原宏監督）
5　**秋刀魚の味**（小津安二郎監督）
6　**人間**（新藤兼人監督）
7　**雁の寺**（川島雄三監督）
8　**恋や恋なすな恋**（内田吐夢監督）
9　**秋津温泉**（吉田喜重監督）
10　**東京湾**（野村芳太郎監督）

「キューポラ」には手が痛くなるほど拍手しておいたのに「二歳」を見るとたんに「キューポラ」がすっかり古くさくなってしまった。しかしこの足で作った努力作には愛ちゃくがある。足で作ったのと反対が「切腹」だ。ああ気ばるとまったく田舎くさい。しかし実に熱のこもった演出である。しかしゆすりのさか恨みはこの野心作の玉のキズどころでない。むしろ妙に絶叫しないで喧嘩両成敗にするべきだった。「二歳」は映画が大人であることを示した見事なサンプルだったのに「破戒」はスタイルは映画で中味は（おしゃべり映画）に終ってしまった。あれをすでにテレビでこの作家は生命をすりへらし、そのテレビの見事さの、その生命のカスだけが映画に残った。

1963年度（『キネマ旬報』'64年2月下旬号）

〈外国映画〉

1　**アラビアのロレンス**（デヴィッド・リーン監督）
2　**第七の封印**（イングマール・ベルイマン監督）
3　**シシリーの黒い霧**（フランチェスコ・ロージ監督）
4　**シベールの日曜日**（セルジュ・ブールギニョン監督）
5　**シャレード**（スタンリー・ドーネン監督）
6　**女と男のいる舗道**（ジャン＝リュック・ゴダール監督）
7　**鳥**（アルフレッド・ヒッチコック監督）
8　**ピアニストを撃て**（フランソワ・トリュフォー監督）

9　**奇跡の人**（アーサー・ペン監督）

10　**5時から7時までのクレオ**（アニエス・ヴァルダ監督）

「シシリーの黒い霧」を一番にしたかったのだが、「アラビアのロレンス」にやっぱり負けてしまった。「女と男のいる舗道」これも「シベール――」を越えるのではないかと思っている。けれども「シベール」のあの行儀の良さが、やっぱり「女と男のいる舗道」を負かしてしまった。

私は、いつも思うのだが、こうしてベスト・テンなどといういやらしいものをやっていると自分の非大胆さにコムプレックスを感じゆううつに落ちてゆく。

①シシリー……②女と男のいる舗道③シャレード④蜜の味……どうしてこうそっちよくに書けないのだろうかと思う。

そして最初そう書いて一日たってゆくうちに「蜜の味」や「奇跡の人」の面白さがだんだん演劇の面白さに思えてきてエンピチでザラザラと書き消して、やっぱり映画のしかも秀才の「ロレンス」が富士山のようにそびえる如く美しく思えてくるのである。来年からベスト・テンなんか止そうかしら。

〈日本映画〉

1 **天国と地獄**（黒澤明監督）
2 **にっぽん昆虫記**（今村昌平監督）
3 **太平洋ひとりぼっち**（市川崑監督）
4 **白と黒**（堀川弘通監督）
5 **五番町夕霧楼**（田坂具隆監督）
6 **越前竹人形**（吉村公三郎監督）
7 **雪之丞変化**（市川崑監督）
8 **彼女と彼**（羽仁進監督）
9 **みんなわが子**（家城巳代治監督）
10 **母**（新藤兼人監督）

思いきって新しい空気がほしくなっていたので、まだまだ註文はあったが「太平洋ひとりぼっち」に拍手した。この拍手はとくにラスト・シーンですっかりこの映画、私の点数をかせいでしまった。その意味で「江分利満――」も好きだったのに一つ二つ三つとあげているうちにはみだしてしまった。「雪之丞――」も新しい空気。いえ、ほんとうはこんなのそう新しいなんていえたギリではないのだが、日本映画、これだけの色彩で遊ばせてくれはしない。みんなドーラン色の映画ばっかり。その中で、これは白と赤があんまり鮮かに見えて。「母」が力作なのに末席に追いこんだのは、このこれ見よがしの芸術力作が私にはどうも胸にもたれて、それでも最近でやっとこの人にこれで近づけて実は嬉しくなった。「武士道残酷――」はあまい。「古都」と「拝啓天皇陛下様」と「陸軍残虐物語」は入れたかった。「非行少女」も私にはテンからはみ出た。

1964年度（『キネマ旬報』'65年2月上旬号）

〈外国映画〉

1 **突然炎のごとく**（フランソワ・トリュフォー監督）
2 **沈黙**（イングマール・ベルイマン監督）
3 **山猫**（ルキノ・ヴィスコンティ監督）
4 **去年マリエンバートで**（アラン・レネ監督）
5 **軽蔑**（ジャン＝リュック・ゴダール監督）
6 **マイ・フェア・レディ**（ジョージ・キューカー監督）
7 **パサジェルカ**（アンジェイ・ムンク監督）
8 **ハムレット**（グリゴリー・コージンツェフ監督）
9 **トム・ジョーンズの華麗な冒険**（トニー・リチャードソン監督）

10　**かくも長き不在**（アンリ・コルピ監督）

ほんとうは、どれを第一位に置きかえても私はかまわない。この年は妙な年でその十本が足なみをぴたりと揃えてしまっている。そのうえに非常に賑やかな年で、実は十本からはみだして困ったものが多い。これは私には毎年のことなのだが、この年ほど、はみだして手のつけようのなくなった年は珍らしい。

だから申訳ないが、考えあぐんで少しやけっぱちの十本である。はみ出して困ったのは「ビリディアナ」と「鏡の中にある如く」と「シェルブールの雨傘」と「マーニー」であった。去年で一番涙を流してしまった「ロビンソン漂流記」も実は思いきって入れたかった一本。となると「審判」と「ベケット」も捨てかねる。とても困った嬉しい年である。（邦画＝「飢餓海峡」の完全プリント未見のため、今回は棄権する）

1965年度（『キネマ旬報』'66年2月上旬号）

〈外国映画〉

1　**8½**（フェデリコ・フェリーニ監督）

2　**コレクター**（ウィリアム・ワイラー監督）

3　**柔らかい肌**（フランソワ・トリュフォー監督）

4　**あゝ結婚**（ヴィットリオ・デ・シーカ監督）
5　**誘惑されて棄てられて**（ピエトロ・ジェルミ監督）
6　**明日に生きる**（マリオ・モニチェリ監督）
7　**メリー・ポピンズ**（ロバート・スティーヴンソン監督）
8　**素晴らしきヒコーキ野郎**（ケン・アナキン監督）
9　**野望の系列**（オットー・プレミンジャー監督）
10　**その男ゾルバ**（マイケル・カコヤニス監督）

とびぬけて「8½」です。「コレクター」は秀作です。「柔らかい肌」は映画の語り方を示して、つまりフィルムが組立てられ編集されそれにこうタイミングのいいカッティングをほどこすと映画は人間同様に呼吸することを、この演出者は教えます。

〈日本映画〉

1　**赤ひげ**（黒澤明監督）
2　**東京オリンピック**（市川崑監督）
3　**にっぽん泥棒物語**（山本薩夫監督）
4　**冷飯とおさんとちゃん**（田坂具隆監督）

5　**日本列島**（熊井啓監督）
6　**証人の椅子**（山本薩夫監督）
7　**ブワナ・トシの歌**（羽仁進監督）
8　**恐山の女**（五所平之助監督）
9　**各駅停車**（井上和男監督）
10　**けものみち**（須川栄三監督）

やっぱり「赤ひげ」です。やっぱりというところにこの黒澤には、百点満点の満足とはいかなかった。けれど今年の濁流の中の清水でしょう。「ブワナ・トシの歌」が今年一番の楽しみでしたが、順位をつけるとどんどんあとになるところに羽仁君に御注意してもらいたい。「東京オリンピック」をここに他作品とならべることに少しひっかかりましたが、スポーツを勝負の世界に落さなかった人間のファイン・プレーとして貴重な記録名作です。

１９６６年度（『キネマ旬報』'67年2月上旬号）
〈外国映画〉
1　**マドモアゼル**（トニー・リチャードソン監督）

2　**大地のうた**（サタジット・レイ監督）
3　**魂のジュリエッタ**（フェデリコ・フェリーニ監督）
4　**市民ケーン**（オーソン・ウェルズ監督）
5　**ビバ！マリア**（ルイ・マル監督）
6　**小間使の日記**（ルイス・ブニュエル監督）
7　**幸福**（アニエス・ヴァルダ監督）
8　**テキサスの五人の仲間**（フィルダー・クック監督）
9　**オセロ**（スチュアート・バージ監督）
10　**ミクロの決死圏**（リチャード・フライシャー監督）

「マドモアゼル」は一秒間をも切り得ないぎりぎりいっぱいの無駄のなさ。人間孤独のきびしさが狂気の残酷でつっ放される。狂気が狂気をかさね、それを見つめるこの作者の目。その目のなんと悲しくなんと美しかったことか。

「大地のうた」のこの気品に同じ東洋人の映画作家は恥じたにちがいない。

「魂のジュリエッタ」は見たあとでとやかく言うまえに誰がこれだけのイマジネイションを持ち得るかというその幻戯。

〈日本映画〉

1 **白い巨塔**（山本薩夫監督）
2 **こころの山脈**（吉村公三郎監督）
3 **人類学入門**（今村昌平監督）
4 **アンデスの花嫁**（羽仁進監督）
5 **湖の琴**（田坂具隆監督）
6 **紀ノ川**（中村登監督）
7 **女の中にいる他人**（成瀬巳喜男監督）
8 **他人の顔**（勅使河原宏監督）
9 **われら人間家族**（勝目貴久監督）
10 **とべない沈黙**（黒木和雄監督）

この年は「ひき逃げ」という最も注目した企画がこれだけのものを摑みながら、なんとも奇妙な生れかたで崩れたことがなによりも口惜しかった。また篠田正浩の「処刑の島」という面白い題材が篠田タッチの胸のすくきざさ（きざさもこうなるとそれが個性ではちきって、こんな個性はなにか新しいものを生むのであるが）それなのにこの映画はなんというだらしない崩れかたで終っちまったことか。以上の二作が注目し落胆し、しかもまだ気になっている私のしこり。「人類学入門」はこの演出エネルギーのただごとでないたくましさ。この監督はひねくれないでもっと大人になる必要がある。

1967年度（『キネマ旬報』'68年2月上旬号）

〈外国映画〉

1　**欲望**（ミケランジェロ・アントニオーニ監督）
2　**気狂いピエロ**（ジャン＝リュック・ゴダール監督）
3　**真実の瞬間**（フランチェスコ・ロージ監督）
4　**アルジェの戦い**（ジッロ・ポンテコルヴォ監督）
5　**ふたりだけの窓**（ジョン&ロイ・ブールティング監督）
6　**ロシュフォールの恋人たち**（ジャック・ドゥミ監督）
7　**戦争は終った**（アラン・レネ監督）
8　**城の生活**（ジャン＝ポール・ラプノー監督）
9　**華氏451**（フランソワ・トリュフォー監督）
10　**バージニア・ウルフなんかこわくない**（マイク・ニコルズ監督）

選んでいくうちに、やはり映画でないとはたしえぬぎりぎりいっぱいの映画だけにしぼられていく。

ことしは日本映画を選ぶ気がしなくなった。「人間蒸発」を一本選んだら、あとなんにも選ぶものがなくなってしまった。さびしいことである。

１９６８年度（『キネマ旬報』'69年2月上旬号）

〈外国映画〉

1　**２００１年宇宙の旅**（スタンリー・キューブリック監督）
2　**ロミオとジュリエット**（フランコ・ゼフィレッリ監督）
3　**召使**（ジョセフ・ロージー監督）
4　**イタリヤ式奇蹟**（フランチェスコ・ロージ監督）
5　**男性・女性**（ジャン＝リュック・ゴダール監督）
6　**俺たちに明日はない**（アーサー・ペン監督）
7　**卒業**（マイク・ニコルズ監督）
8　**暗くなるまで待って**（テレンス・ヤング監督）
9　**遥かなる戦場**（トニー・リチャードソン監督）
10　**異邦人**（ルキノ・ヴィスコンティ監督）

本当に華やかな年で、選ぶのに困って困って困りぬいた。しかし、にぎやかすぎて悪いことはない。映画が好きで好きでたまらない私にとっては、うれしい限りの年であった。

１９６９年度（『キネマ旬報』'70年2月上旬号）

〈外国映画〉

1　**アポロンの地獄**（ピエル・パオロ・パゾリーニ監督）
2　ジョンとメリー（ピーター・イエーツ監督）
3　**真夜中**のカーボーイ（ジョン・シュレシンジャー監督）
4　if もしも…（リンゼイ・アンダーソン監督）
5　イエロー・サブマリン（ジョージ・ダニング監督）
6　ローズマリーの**赤**ちゃん（ロマン・ポランスキー監督）
7　できごと（ジョセフ・ロージー監督）
8　**吸血鬼**（ロマン・ポランスキー監督）
9　**悪魔**のような**恋人**（トニー・リチャードソン監督）
10　ジョアンナ（マイケル・サーン監督）

洋画界がその作品にひきしまってきたことがうかがえて、「スイート・チャリティ」「フィクサー」「レーチェル　レーチェル」「まごころを君に」「チップス先生さようなら」「個人教授」「おかしな二人」などをぶった切って落してしまったことが心のこりなくらいである。全作品をとおしやはり「アポロンの地獄」がすぐれ、「イエロー・サブマリン」「ジョアンナ」「吸血鬼」が掘出しもの。しかもこの三篇、興行側になかなか買われなかった作。

1970年度（『キネマ旬報』'71年2月上旬号）

〈外国映画〉

1　**サテリコン**（フェデリコ・フェリーニ監督）
2　**ストライキ**（セルゲイ・M・エイゼンシュテイン監督）
3　**裸足のイサドラ**（カレル・ライス監督）
4　**地獄に堕ちた勇者ども**（ルキノ・ヴィスコンティ監督）
5　**ひとりぼっちの青春**（シドニー・ポラック監督）
6　**冬のライオン**（アンソニー・ハーヴィー監督）
7　**バルタザールどこへ行く**（ロベール・ブレッソン監督）

8　**王女メディア**（ピエル・パオロ・パゾリーニ監督）
9　**素晴らしき戦争**（リチャード・アッテンボロー監督）
10　**明日に向って撃て！**（ジョージ・ロイ・ヒル監督）

年代のちがう「ストライキ」を同列に加えることにいささかとまどったが、あえて加えたのは年代をこえた鮮やかさゆえである。ことしの拾いものは「ひとりぼっちの青春」の中に五〇年の流れを持つアメリカ映画の心にふれ得たことであった。「Z」「マッシュ」「テオレマ」を落したことは心のこりであるが自然に十本からはみ出したのだから仕方がない。むしろ「男の闘い」を落したことに今も未練がのこる。

1971年度（『キネマ旬報』'72年2月上旬号）

〈外国映画〉

1　**ベニスに死す**（ルキノ・ヴィスコンティ監督）
2　**ファイブ・イージー・ピーセス**（ボブ・ラファエルソン監督）
3　**屋根の上のバイオリン弾き**（ノーマン・ジュイソン監督）
4　**バニシング・ポイント**（リチャード・C・サラフィアン監督）
5　**ライアンの娘**（デヴィッド・リーン監督）

6 **告白**（コスタ・ガブラス監督）
7 **わが青春のフロレンス**（マウロ・ボロニーニ監督）
8 **山いぬ**（カルロ・リッツァーニ監督）
9 **小さな巨人**（アーサー・ペン監督）
10 **罪と罰**（レフ・クリジャーノフ監督）

「ベニスに死す」は、ためらうことなく一位にきまったが、「エルビス・オン・ステージ」は大変迷った。また「ＢＩＲＤ★ＳＨＴ」と「キャッチ22」も迷った。「ライアンの娘」はこの監督としてはいささか不満でもあるが、やはり公平に他の作品とくらべると、これは秀作である。
　ことしは意外なことに私の選出のなかにフランス映画が一本もはいらなかった。クレマンの「パリは霧にぬれて」も後半が弱い。「コニャックの男」もはみ出た。

1972年度（『キネマ旬報』'73年2月上旬号）
〈外国映画〉
1 **フェリーニのローマ**（フェデリコ・フェリーニ監督）
2 **時計じかけのオレンジ**（スタンリー・キューブリック監督）

3　**愛すれど哀しく**（マウロ・ボロニーニ監督）
4　**フレンチ・コネクション**（ウィリアム・フリードキン監督）
5　**フレンジー**（アルフレッド・ヒッチコック監督）
6　**ボーイフレンド**（ケン・ラッセル監督）
7　**真夜中のパーティー**（ウィリアム・フリードキン監督）
8　**ジュニア・ボナー／華麗なる挑戦**（サム・ペキンパー監督）
9　**大いなる勇者**（シドニー・ポラック監督）
10　**死刑台のメロディ**（ジュリアーノ・モンタルド監督）

「モダン・タイムス」は、旧作ゆえ加算せず。「フェリーニのローマ」は、文句なく第一位。
「ボーイフレンド」はダンスのスタイルをこれほど資料的にきわめつくして見せると立派なる貴重品。「ダーティハリー」「キャバレー」「さすらいのカウボーイ」「恋」「わが緑の大地」「好奇心」「ラスト・ショー」すべて捨てがたくしてはみ出した。「ゴッドファーザー」は映画としてはいささかならず私には物足りなかったのである。

〈日本映画〉

1　**約束**（斎藤耕一監督）
2　**サマー・ソルジャー**（勅使河原宏監督）
3　**故郷**（山田洋次監督）
4　**軍旗はためく下に**（深作欣二監督）
5　**旅の重さ**（斎藤耕一監督）
6　**忍ぶ川**（熊井啓監督）
7　**海軍特別年少兵**（今井正監督）
8　**午前中の時間割り**（羽仁進監督）
9　**男はつらいよ・柴又慕情**（山田洋次監督）
10　**あゝ声なき友**（今井正監督）

「約束」はみずみずしかった。車中の人間の心理の動き。これは映画だ。キャメラもほめねばなるまい。「サマー・ソルジャー」はこの一年間の日本映画の中でその語りぐちが一番巧い。途中の日本家庭と家族がもうすこしシャープだとまちがいなく第一位だったのに。「故郷」は非常に目のつけどころがこまかくて感激。キャメラでチラととるその一瞬のとりどころの巧みさ。「柴又慕情」がすこし下位になった。やむなくそうなった。

1973年度（『キネマ旬報』'74年2月上旬号）

〈外国映画〉

1 スケアクロウ（ジェリー・シャッツバーグ監督）
2 ジョニーは戦場へ行った（ドルトン・トランボ監督）
3 ブラザー・サン　シスター・ムーン（フランコ・ゼフィレッリ監督）
4 マクベス（ロマン・ポランスキー監督）
5 ロイ・ビーン（ジョン・ヒューストン監督）
6 ポセイドン・アドベンチャー（ロナルド・ニーム監督）
7 L・B・ジョーンズの解放（ウィリアム・ワイラー監督）
8 ジャッカルの日（フレッド・ジンネマン監督）
9 サウンダー（マーティン・リット監督）
10 フォロー・ミー（キャロル・リード監督）

日本映画のベスト・テンは「野良犬」「塩狩峠」「朝やけの詩」「仁義なき戦い」などを見落した私には採点することはでき得ない。しかしどうしても脚本、男女優の「旬報賞」だけは、選定参加をさせて頂きたかった。

たちまち十三本があがったが「男の出発」「シャーロットのおくりもの」「ふたり自身」、さらに「小さな約束」などをバッサリと落さねばならなくなった。「スケアクロウ」と「ジョニーは戦場へ行った」は甲乙つけがたい。しかし「スケアクロウ」の映画が綴る映画文学がたまらなく私を嬉しくさせてしまった。その意味で「ロイ・ビーン」が第五位に上り「ジャッカルの日」を追いこした。ベスト・テンはむつかしい！

1974年度（『キネマ旬報』'75年2月下旬号）

〈外国映画〉

1　**フェリーニのアマルコルド**（フェデリコ・フェリーニ監督）
2　**映画に愛をこめて　アメリカの夜**（フランソワ・トリュフォー監督）
3　**叫びとささやき**（イングマール・ベルイマン監督）
4　**大樹のうた**（サタジット・レイ監督）
5　**私のように美しい娘**（フランソワ・トリュフォー監督）
6　**スティング**（ジョージ・ロイ・ヒル監督）
7　**ペーパー・ムーン**（ピーター・ボグダノヴィッチ監督）
8　**カンバセーション…盗聴…**（フランシス・F・コッポラ監督）

9　パピヨン（フランクリン・J・シャフナー監督）
10　シンデレラ・リバティー／かぎりなき愛（マーク・ライデル監督）

ことしの収穫は「アマルコルド」であった。たてつづけに三回見てしまった。二位の「アメリカの夜」も実は思わず日を追ってこれも数えると三回見てしまっていた。この二本は映画を楽しめることで最高である。三位の「叫びとささやき」はその厳格さからトップに置くべき秀作であろうが、楽しき二本そのフェリーニとトリュフォーに酔った私は思わずこれが三席という申訳もなき位置に置かれたことを恥ずかしく思う。製作年度旧作は除外。

１９７５年度（『キネマ旬報』'76年2月下旬号）
〈外国映画〉
1　ザッツ・エンタテインメント（ジャック・ヘイリーJr.監督）
2　レニー・ブルース（ボブ・フォッシー監督）
3　ルシアンの青春（ルイ・マル監督）
4　ハリーとトント（ポール・マザースキー監督）
5　薔薇のスタビスキー（アラン・レネ監督）

6 **アリスの恋**（マーティン・スコセッシ監督）
7 **冬の光**（イングマール・ベルイマン監督）
8 **チャイナタウン**（ロマン・ポランスキー監督）
9 **フレンチ・コネクション2**（ジョン・フランケンハイマー監督）
10 **デルス・ウザーラ**（黒澤明監督）

「ザッツ・エンタテインメント」は編集賞である。だからベスト・テンからはずして（特別賞）とすべきであるが、それが出来ぬとなるとテンの一位になってしまう。だから劇映画の本当の一位は「レニー・ブルース」ということになる。「デルス・ウザーラ」が十位に落ちたことは自分としてもはなはだ残念である。一位になってほしいクロサワ作品であったのに。「ゴッドファーザーPARTⅡ」は十一位となっておっこちた。

1976年度（『キネマ旬報』'77年2月下旬号）
〈外国映画〉
1 **トリュフォーの思春期**（フランソワ・トリュフォー監督）
2 **ファミリー・プロット**（アルフレッド・ヒッチコック監督）

3　**ナッシュビル**（ロバート・アルトマン監督）
4　**バリー・リンドン**（スタンリー・キューブリック監督）
5　**フェリーニの道化師**（フェデリコ・フェリーニ監督）
6　**タクシードライバー**（マーティン・スコセッシ監督）
7　**狼たちの午後**（シドニー・ルメット監督）
8　**華麗なるヒコーキ野郎**（ジョージ・ロイ・ヒル監督）
9　**カッコーの巣の上で**（ミロス・フォアマン監督）
10　**大統領の陰謀**（アラン・J・パクラ監督）

「海外特派員」その他の旧作は加えなかった。「フェリーニの道化師」はとくに興味ふかくまたフェリーニのこの作り方に見とれたが「トリュフォーの思春期」は完ぺきに（映画の心を貫いた）名作であったのでベスト・ワンに置いた。八位の「華麗なるヒコーキ野郎」はウエルマン以来のヒコーキ映画のノスタルジアを呼び戻してくれただけでなくアメリカの時代色が実によく描かれていたことでもやはり立派だ。名作として加えた。

1977年度（『キネマ旬報』'78年2月下旬号）

〈外国映画〉

1　**ロッキー**（ジョン・G・アヴィルドセン監督）
2　**ダウンタウン物語**（アラン・パーカー監督）
3　**鬼火**（ルイ・マル監督）
4　**素晴しき放浪者**（ジャン・ルノワール監督）
5　**戦争のはらわた**（サム・ペキンパー監督）
6　**惑星ソラリス**（アンドレイ・タルコフスキー監督）
7　**ギデオン**（ジョン・フォード監督）
8　**放浪紳士チャーリー**（リチャード・パターソン監督）
9　**シャーロック・ホームズの素敵な挑戦**（ハーバート・ロス監督）
10　**トロイアの女**（マイケル・カコヤニス監督）

「放浪紳士チャーリー」は別格。しかしこの記録を劇作品に加えると八位に落ちた。見事なフィルム編集と構成だが後半にはもっと盛り上がるものがあるべきだった。「ロッキー」は清潔でアメリカ映画がアメリカ映画の良さを取り戻した。しかし実はこれがベスト・ワンになることでこの年の洋画の弱態が気になった。ルノワールやフォードのは旧作だから落していいが落せない。ところで「キャリー」を落したことは気になった。

1978年度（『キネマ旬報』'79年2月下旬号）

〈外国映画〉

1　**家族の肖像**（ルキノ・ヴィスコンティ監督）
2　プリティ・ベビー（ルイ・マル監督）
3　オーソン・ウェルズのフェイク（オーソン・ウェルズ監督）
4　バレンチノ（ケン・ラッセル監督）
5　ジュリア（フレッド・ジンネマン監督）
6　ピロスマニ（ゲオルギー・シェンゲラーヤ監督）
7　ミスター・グッドバーを探して（リチャード・ブルックス監督）
8　グッバイガール（ハーバート・ロス監督）
9　ナイル殺人事件（ジョン・ギラーミン監督）
10　アニー・ホール（ウッディ・アレン監督）

「家族の肖像」は群をぬいた名作であった。「プリティ・ベビー」はすぐれたルイ・マル美術。「フェイク」はウェルズの映画遊戯。「バレンチノ」はケン・ラッセル個性の完ぺき。「ジュリア」のサスペンス。「ピロスマニ」のグルジア映画の質度《しつど》の高さ。「ミスター・グッドバーを探して」の演出力。「グッバイガール」のアメリカ映画のふるさと的コメディ。「ナイル殺人事件」のぜいたくさ。「アニー・ホール」の生活描写のきめのこまやかさとフィルム編集美。

1979年度（『キネマ旬報』'80年2月下旬号）

〈外国映画〉

1　**木靴の樹**（エルマンノ・オルミ監督）
2　**奇跡**（カール・テホ・ドライヤー監督）
3　**旅芸人の記録**（テオ・アンゲロプロス監督）
4　**これからの人生**（モーシェ・ミズラヒ監督）
5　**イノセント**（ルキノ・ヴィスコンティ監督）
6　**郵便配達は二度ベルを鳴らす**（ルキノ・ヴィスコンティ監督）
7　**インテリア**（ウッディ・アレン監督）
8　**逃走迷路**（アルフレッド・ヒッチコック監督）
9　**だれのものでもないチェレ**（ラースロー・ラノーディ監督）
10　**リトル・ロマンス**（ジョージ・ロイ・ヒル監督）

「木靴の樹」は時代色を美術的に、感情を押えた描写をもって心暖かい人間感をあふらせた今年最高の収穫。「奇跡」は生と死と神の問題を力強い演出で説く秀作。「旅芸人の記録」はギリシャ悲劇の見事なる再現。「これからの人生」はシニョレの名演をもってミズラヒの演出美を見た。「ノーマ・レイ」と「ディア・ハンター」は心ない心のこもった映画。むしろ選外に落した「アガサ・愛の失踪事件」に選外への未練あり。

1980年度（『キネマ旬報』'81年2月下旬号）

〈外国映画〉

1 ルードウィヒ／**神々の黄昏**（ルキノ・ヴィスコンティ監督）
2 カサノバ（フェデリコ・フェリーニ監督）
3 クレイマー、クレイマー（ロバート・ベントン監督）
4 **悲愁**（ビリー・ワイルダー監督）
5 フェーム（アラン・パーカー監督）
6 マンハッタン（ウッディ・アレン監督）
7 オーケストラ・リハーサル（フェデリコ・フェリーニ監督）

8　**テス**（ロマン・ポランスキー監督）
9　**地獄の黙示録**（フランシス・F・コッポラ監督）
10　**マリア・ブラウンの結婚**（ライナー・ヴェルナー・ファスビンダー監督）

五位以降「マンハッタン」「オーケストラ・リハーサル」「テス」「地獄の黙示録」「マリア・ブラウンの結婚」となる。ことしはフランス劣勢。「メキシコ万歳」はエイゼンシュテイン死後のフィルムを別人が編集しているので取らない。「オール・ザット・ジャズ」と「大理石の男」は画面の個性が押しつけがましくて落すことにする。「ジャグラー」と「ロング・ライダーズ」はベスト第十一位と第十二位になろう。

1981年度（『キネマ旬報』'82年2月下旬号）
〈外国映画〉
1　**ブリキの太鼓**（フォルカー・シュレンドルフ監督）
2　**アメリカの伯父さん**（アラン・レネ監督）
3　**女の都**（フェデリコ・フェリーニ監督）
4　**秋のソナタ**（イングマール・ベルイマン監督）
5　**約束の土地**（アンジェイ・ワイダ監督）

6　**チェスをする人**（サタジット・レイ監督）
7　**チャンス**（ハル・アシュビー監督）
8　**レイジング・ブル**（マーティン・スコセッシ監督）
9　**皆殺しの天使**（ルイス・ブニュエル監督）
10　**普通の人々**（ロバート・レッドフォード監督）

アメリカ映画の不振。ことし最も鮮やかな力量と個性を示したのは「ブリキの太鼓」「アメリカの伯父さん」。あいも変わらずのフェリーニとはいえ「女の都」の演出エネルギイ。この三本はゆるがせない。アメリカはかるく消えそうな感じに見えながら「チャンス」がことし第一のアメリカ映画といいたい腕まえを見せた。「レイジング・ブル」「普通の人々」は努力を買う。「チェスをする人」はサタジット・レイの（詩）であり（美術）だ。

1982年度（『キネマ旬報』'83年2月下旬号）
〈外国映画〉
1　**ゲームの規則**（ジャン・ルノワール監督）
2　**炎のランナー**（ヒュー・ハドソン監督）

3　E．T．（スティーブン・スピルバーグ監督）
4　**父／パードレ・パドローネ**（パオロ&ヴィットリオ・タヴィアーニ兄弟監督）
5　**1900年**（ベルナルド・ベルトルッチ監督）
6　**アレクサンダー大王**（テオ・アンゲロプロス監督）
7　**黄昏**（マーク・ライデル監督）
8　**四季**（アラン・アルダ監督）
9　**愛と青春の旅だち**（テイラー・ハックフォード監督）
10　**愛の奴隷**（ニキータ・ミハルコフ監督）

「ゲームの規則」にはフランスがあった。ルノワール映画芸術がことしの諸作を引き抜いた。「炎のランナー」のこの品格には脱帽。「E．T．」は夢を摑みとった。童話以上の平和があった。「父」はこの地方色この野性のすさまじい描き方とあわせここから学者を生んだ人間学。「1900年」はイタリアのクラシックがよみがえる。「レッズ」は落した。落して惜しくない。「無人の野」はむしろ落したくなかった。

1983年度（『キネマ旬報』'84年2月下旬号）

〈外国映画〉

1　ディーバ（ジャン＝ジャック・ベネックス監督）
2　アギーレ　神の怒り（ヴェルナー・ヘルツォーク監督）
3　ソフィーの選択（アラン・J・パクラ監督）
4　サン・ロレンツォの夜（パオロ＆ヴィットリオ・タヴィアーニ兄弟監督）
5　エボリ（フランチェスコ・ロージ監督）
6　ラグタイム（ミロス・フォアマン監督）
7　モリエール（アリアーヌ・ムヌーシュキン監督）
8　ガンジー（リチャード・アッテンボロー監督）
9　バンデットQ（テリー・ギリアム監督）
10　天国の日々（テレンス・マリック監督）

製作としての「ガンジー」は大いに認めるも映画としては脚本監督に力量の不満を持った。「ガープの世界」は「ソフィーの選択」に迫るものさえあったが後半が腰くだけとなったのが惜しい。「氷壁の女」は弱い。むしろ元気一杯の「大逆転」を加えたが最後にテン外に落ちた。「天国の日々」は「カルメン」が来年度回しということなので、10位に入った。

1984年度（『キネマ旬報』'85年2月下旬号）

〈外国映画〉

1　カルメン（カルロス・サウラ監督）
2　ドレッサー（ピーター・イエーツ監督）
3　欲望のあいまいな対象（ルイス・ブニュエル監督）
4　セブン・ビューティーズ（リナ・ウェルトミューラー監督）
5　カメレオンマン（ウッディ・アレン監督）
6　ストリート・オブ・ファイヤー（ウォルター・ロイ・ヒル監督）
7　パッション・ダモーレ（エットーレ・スコラ監督）
8　ナチュラル（バリー・レヴィンソン監督）
9　グレイストーク（ヒュー・ハドソン監督）
10　ライトスタッフ（フィリップ・カウフマン監督）

ただちに「カルメン」を第一位とした。これを去年封切とした他誌にはまようことなく「ドレッサー」を第一位とした。「カルメン」はフラメンコ舞踊技術紹介その生《き》一本《いっぽん》その純粋が質度《しつど》の高い演出で見事美しく紹介され美術の香りをあふらせた。上位四本がアメリカ映画でなかったことでアメリカ映画貧困を痛感。ことしのアメリカ映画の収穫は「カメレオンマン」の頭脳に迫る「ストリート・オブ・ファイヤー」の映画感覚。

１９８５年度（『キネマ旬報』'86年2月下旬号）

〈外国映画〉

1 **田舎の日曜日**（ベルトラン・タヴェルニエ監督）
2 **アマデウス**（ミロス・フォアマン監督）
3 **ファニーとアレクサンデル**（イングマール・ベルイマン監督）
4 **カオス・シチリア物語**（パオロ&ヴィットリオ・タヴィアーニ兄弟監督）
5 **インドへの道**（デヴィッド・リーン監督）
6 **ミツバチのささやき**（ビクトル・エリセ監督）
7 **コーラスライン**（リチャード・アッテンボロー監督）
8 **パリ、テキサス**（ヴィム・ヴェンダース監督）
9 **路**（ユルマズ・ギュネイ監督）
10 **女と男の名誉**（ジョン・ヒューストン監督）

①映画として完ぺき②品格③ベルイマンを知る最良作④物語型式の巧みさとこの二

人の兄弟監督の美術感覚⑤やさしくおとなしく、しかもイギリスに対して心底から呼んでいるこの作品をイギリスの監督が作った良心とこの映画のイギリス映画タッチ⑥映画による童心描写美術⑦よくやりとげた映画⑧日がたつほどに好きでなくなってきたもののこの監督の映画愛が私を引きつける⑨深沢文学のごときこの野性悲劇⑩この監督の老いてなおこのいきさ。

1986年度（『キネマ旬報』'87年2月下旬号）

〈外国映画〉

1　**シテール島への船出**（テオ・アンゲロプロス監督）
2　**ラウンド・ミッドナイト**（ベルトラン・タヴェルニエ監督）
3　**ラルジャン**（ロベール・ブレッソン監督）
4　**カイロの紫のバラ**（ウッディ・アレン監督）
5　**山の焚火**（フレディ・M・ムーラー監督）
6　**蜘蛛女のキス**（ヘクトール・バベンコ監督）
7　**ストレンジャー・ザン・パラダイス**（ジム・ジャームッシュ監督）
8　**群れ**（ゼキ・ウクテン監督）
9　**カラーパープル**（スティーブン・スピルバーグ監督）

10　**エイリアン2**（ジェームズ・キャメロン監督）

キャグニーの「ヤンキー・ドゥードゥル・ダンディ」は年代のへだたりを思い別格に置く。「ピクニックatハンギングロック」「グレイフォックス」「未来世紀ブラジル」は加えたかったがはみだした。もしも男女ベスト・ワンを加えるなら「フォルスタッフ」のオーソン・ウェルズと「エイリアン2」のシガーニー・ウィーヴァーをあげたい。

1987年度（『キネマ旬報』'88年2月下旬号）

〈外国映画〉

1　**グッドモーニング・バビロン！**（パオロ&ヴィットリオ・タヴィアーニ兄弟監督）
2　**アメリカの友人**（ヴィム・ヴェンダース監督）
3　**紳士協定**（エリア・カザン監督）
4　**ラジオ・デイズ**（ウッディ・アレン監督）
5　**眺めのいい部屋**（ジェームズ・アイヴォリー監督）
6　**モナリザ**（ニール・ジョーダン監督）
7　**バウンティフルへの旅**（ピーター・マスターソン監督）

8　**テレーズ**（アラン・カヴァリエ監督）
9　**ハンナとその姉妹**（ウッディ・アレン監督）
10　**ベルイマンの世界**（イングマール・ベルイマン監督）

「グッドモーニング・バビロン！」の脚色と演出の巧みを激賞。「紳士協定」は、製作年度がずれたとしても、今に光る力作。アメリカ映画の良き時代を思いおこさせた。「モナリザ」は、かつての「タクシードライバー」よりさらに人生風格を加えた。「眺めのいい部屋」はその美しさ品の良さでは当代一とも言える名作。「ラジオ・デイズ」はニューヨークの「アマルコルド」。「ベルイマンの世界」は本当は記録映画の部であろうと思う。

1988年度（『キネマ旬報』'89年2月下旬号）

〈外国映画〉

1　**ザ・デッド**（ジョン・ヒューストン監督）
2　**八月の鯨**（リンゼイ・アンダーソン監督）
3　**ベルリン・天使の詩**（ヴィム・ヴェンダース監督）
4　**都会のアリス**（ヴィム・ヴェンダース監督）

5　**黒い瞳**（ニキータ・ミハルコフ監督）
6　**月の輝く夜に**（ノーマン・ジュイソン監督）
7　**マカロニ**（エットーレ・スコラ監督）
8　**モーリス**（ジェームズ・アイヴォリー監督）
9　**インテルビスタ**（フェデリコ・フェリーニ監督）
10　**サロメ**（ケン・ラッセル監督）

「ザ・デッド」「八月の鯨」は同点なるもジョン・ヒューストンの演出力の年輪はエリをただす美しさあるゆえに第一位とした。88年は87年末から病院、三月から目下ホテルにての静養ゆえ、ずいぶん見落しているのだが、選んだ十本は私としてはまちがいなき十本だ。ケン・ラッセルの「サロメ」は前衛美術の面白さとワイルドの胸中をはぎ取った鮮やかさがあった。それにしても「八月の鯨」は愛した作品としてはベスト・ワンである。

１９８９年度（『キネマ旬報』'90年2月下旬号）

〈外国映画〉

1　**生きるべきか死ぬべきか**（エルンスト・ルビッチ監督）

2　**子熊物語**（ジャン＝ジャック・アノー監督）
3　**ペレ**（ビレ・アウグスト監督）
4　**バベットの晩餐会**（ガブリエル・アクセル監督）
5　**ニュー・シネマ・パラダイス**（ジュゼッペ・トルナトーレ監督）
6　**セックスと嘘とビデオテープ**（スティーヴン・ソダーバーグ監督）
7　**恋恋風塵**（ホウ・シャオシエン監督）
8　**紅いコーリャン**（チャン・イーモウ監督）
9　**レンブラント**（ヨス・ステリング監督）
10　**トーチソング・トリロジー**（ポール・ボガート監督）

ときには「ペレ」ときには「ニュー・シネマ」と、89年は血迷う年でありました。ハタと気がついたのは、だんだん、とびぬけた人がありましたので、スカッといたしましてここに「生きるべきか……」のルビッチュをえらびました。いまにいたってもこのルビッチュに迫る才人は見出しかねるのであります。このほか「バベット……」とみんなに冷たくされそうな「セックスと嘘……」と「トーチソング……」を私はあえてテン内に加えました。

1990年度（『キネマ旬報』'91年2月下旬号）

〈外国映画〉

1　**フィールド・オブ・ドリームス**（フィル・アルデン・ロビンソン監督）

2　**霧の中の風景**（テオ・アンゲロプロス監督）

3　**菊　豆**《チユイトウ》（チャン・イーモウ監督）

4　**コックと泥棒、その妻と愛人**（ピーター・グリーナウェイ監督）

5　**天国は待ってくれる**（エルンスト・ルビッチ監督）

6　**冬冬**《トントン》**の夏休み**（ホウ・シャオシエン監督）

7　**聖なる酔っぱらいの伝説**（エルマンノ・オルミ監督）

8　**愛と野望のナイル**（ボブ・ラファエルソン監督）

9　**ブルックリン最終出口**（ウリ・エデル監督）

10　**悲情城市**（ホウ・シャオシエン監督）

「ロザリンとライオン」を入れようと思ったところこれは来年廻しとのことで落さざるをえなかった。「ドライビング・ミス・デイジー」はアメリカ人にはいかにも誇らしげであろうが私たちが観ると初めからオチが分かってしまって今さらというところ。それよりも侯孝賢《ホウ・シャオシエン》の二作に感心した。この、映画の語り方は学ぶにあたいする。

「愛と野望のナイル」が世間に鳴りを静めているのが腹立たしい。これは力作だった。

1991年度（『キネマ旬報』'92年2月下旬号）

〈外国映画〉

1　**シェルタリング・スカイ**（ベルナルド・ベルトルッチ監督）
2　**英国式庭園殺人事件**（ピーター・グリーナウェイ監督）
3　**プロスペローの本**（ピーター・グリーナウェイ監督）
4　**アリス**（ウッディ・アレン監督）
5　**冬の旅**（アニエス・ヴァルダ監督）
6　**トト・ザ・ヒーロー**（ジャコ・ヴァン・ドルマル監督）
7　**シザーハンズ**（ティム・バートン監督）
8　**ミラーズ・クロッシング**（ジョエル・コーエン監督）
9　**真実の瞬間《とき》**（アーウィン・ウィンクラー監督）
10　**アシク・ケリブ**（セルゲイ・パラジャーノフ&ダヴィド・アバシッゼ監督）

愛を見すえ見きわめた「シェルタリング・スカイ」を迷うことなく第一位に置く。「英国式庭園殺人事件」「プロスペローの本」は美術と映画手法の新しき誕生だった。

「アリス」はあたかもマンハッタンのシェイクスピアを思わせた。このウッディのピアノ・ソロの見事さ。「アシク・ケリブ」の色彩と地の匂い山の匂い川の匂い。「ト・ザ・ヒーロー」の映画純愛。「冬の旅」この監督の成長。「ダンス・ウィズ・ウルブズ」は選から落ちた。

1992年度（『キネマ旬報』'93年2月下旬号）

〈外国映画〉

1　ヒア・マイ・ソング（ピーター・チェルソム監督）
2　ナイト・オン・ザ・プラネット（ジム・ジャームッシュ監督）
3　仕立て屋の恋（パトリス・ルコント監督）
4　バートン・フィンク（ジョエル・コーエン監督）
5　ロンドン・キルズ・ミー（ハニフ・クレイシ監督）
6　シンプルメン（ハル・ハートリー監督）
7　ハイヒール（ペドロ・アルモドヴァル監督）
8　ハワーズ・エンド（ジェームズ・アイヴォリー監督）
9　ラヴィ・ド・ボエーム（アキ・カウリスマキ監督）
10　アダムス・ファミリー（バリー・ソネンフェルド監督）

考えることなくワンは「ヒア・マイ・ソング」。かぞえるとえらいもので二〇作品以上かぞえられて困った次第。「こうのとり、たちずさんで」「狩人」「二十日鼠と人間」「ドラキュラ」「歌姫カルメーラ」「フライド・グリーン・トマト」「ウルガ」「裸のランチ」「アップルゲイツ」などがパラパラと舞い落ちて手ですくっても駄目だった。ということは外国の映画人のエネルギィに今さらに感心した。「ホーム・アローン2」だって巧いものだよ。

1993年度（『キネマ旬報』'94年2月下旬号）
〈外国映画〉
1　**マルメロの陽光**（ヴィクトル・エリセ監督）
2　**ベイビー・オブ・マコン**（ピーター・グリーナウェイ監督）
3　**クライング・ゲーム**（ニール・ジョーダン監督）
4　**オルランド**（サリー・ポッター監督）
5　**戯夢人生**（ホウ・シャオシエン監督）
6　**赤い薔薇ソースの伝説**（アルフォンソ・アラウ監督）
7　**妹の恋人**（ジェレマイア・S・チェチック監督）

8 リバー・ランズ・スルー・イット（ロバート・レッドフォード監督）
9 から騒ぎ（ケネス・ブラナー監督）
10 オリヴィエ　オリヴィエ（アニエスカ・ホランド監督）

アメリカ映画がこんなに衰退した年はなかった。かわりにイギリス映画は個性的な監督がたくさん登場し、また女性監督も多く出てきた。

1994年度（『キネマ旬報』'95年2月下旬号）
〈外国映画〉
1 オリーブの林をぬけて（アッバス・キアロスタミ監督）
2 ギルバート・グレイプ（ラッセ・ハルストレム監督）
3 川の流れに草は青々（ホウ・シャオシエン監督）
4 パルプ・フィクション（クエンティン・タランティーノ監督）
5 ピアノ・レッスン（ジェーン・カンピオン監督）
6 日の名残り（ジェームズ・アイヴォリー監督）
7 スナッパー（スティーヴン・フリアーズ監督）
8 スピード（ヤン・デ・ボン監督）

9　ザッツ・エンタテインメント　PART3（バド・フリージェン&マイケル・J・シェリダン監督）
10　**哀戀花火**（フー・ピン監督）

「オリーブの林をぬけて」の脚本演出撮影の巧みと共にこの映画の人間の暖かさに感激。「ギルバート・グレイプ」のアメリカ映画サイレント時代のノスタルジィ。「パルプ・フィクション」のベン・ヘクトごのみのタッチ。「ピアノ・レッスン」は「日の名残り」とそろって秀作。「スナッパー」のアイリッシュ。「スピード」のエネルギィ。「ザッツ・エンタテインメント」「哀戀花火」すいせん。

１９９５年度（『キネマ旬報』'96年2月下旬号）
〈外国映画〉
1　**スモーク**（ウェイン・ワン監督）
2　**太陽に灼かれて**（ニキータ・ミハルコフ監督）
3　**クローズ・アップ**（アッバス・キアロスタミ監督）
4　**ブロードウェイと銃弾**（ウッディ・アレン監督）
5　**プリシラ**（ステファン・エリオット監督）

6　エド・ウッド（ティム・バートン監督）
7　フォレスト・ガンプ／一期一会（ロバート・ゼメキス監督）
8　マディソン郡の橋（クリント・イーストウッド監督）
9　コールド・フィーバー（フリドリック・トール・フリドリクソン監督）
10　ノーバディーズ・フール（ロバート・ベントン監督）

「スモーク」ジュリアン・デュヴィヴィエのクラシックを摑んだ秀作であり〈天〉〈地〉〈海〉その話し方のけじめが立派であった。「太陽に灼かれて」はこの監督のたしかな腕に注目。「クローズ・アップ」はさすがであったということよりも人間愛が涙でなく笑いでおさまっていることがいい。「ブロードウェイと銃弾」はシラノ。「プリシラ」がことしの秀作。「エド・ウッド」にまだ映画好きのアメリカ監督のいたことを知る。

1996年度（『キネマ旬報』'97年2月下旬号）
〈外国映画〉
1　ケロッグ博士（アラン・パーカー監督）
2　トレインスポッティング（ダニー・ボイル監督）

3　**キャリントン**（クリストファー・ハンプトン監督）
4　**アンダーグラウンド**（エミール・クストリッツァ監督）
5　**イル・ポスティーノ**（マイケル・ラドフォード監督）
6　**蜂の旅人**（テオ・アンゲロプロス監督）
7　**記憶の扉**（ジュゼッペ・トルナトーレ監督）
8　**フィオナの海**（ジョン・セイルズ監督）
9　**42丁目のワーニャ**（ルイ・マル監督）
10　**アルチバルド・デラクルスの犯罪的人生**（ルイス・ブニュエル監督）

ずばぬけて「ケロッグ博士」の美術セクシィユーモアに拍手。ついで「トレインスポッティング」の若手そのフレッシュ・パリパリ・タッチのダニィ・ボイルに眼のさめるフィルム・モダアンを見た。したがって監督賞もこの作品を生んだ芸術家に捧げることは言うまでもない。おっことしてしまった監督の惜しみは「記憶の扉」のトルナトーレ。「アンダーグラウンド」のクストリッツァ。96年のアンゲロプロスとルイ・マルはがっかり。

１９９７年度（『キネマ旬報』'98年2月下旬号）

〈外国映画〉

1 **世界中がアイ・ラヴ・ユー**（ウッディ・アレン監督）
2 **奇跡の海**（ラース・フォン・トリアー監督）
3 **八日目**（ジャコ・ヴァン・ドルマル監督）
4 **英国万歳！**（ニコラス・ハイトナー監督）
5 **身代金**（ロン・ハワード監督）
6 **シャイン**（スコット・ヒックス監督）
7 **太陽の少年**（チアン・ウェン監督）
8 **祝祭**（イム・グォンテク監督）
9 **浮き雲**（アキ・カウリスマキ監督）
10 **バスキア**（ジュリアン・シュナーベル監督）

ウディ・アレンがアメリカ映画の沈滞をやっと蘇らせてくれた。アメリカはもうけ主義の映画ばかりでくさっていたところが、「世界中がアイ・ラヴ・ユー」でやっと良心を見せた。したがって監督賞はウッディ・アレン、第1位は「世界中がアイ・ラヴ・ユー」です。

日本映画史上のベスト10

○葛飾砂子（トーマス栗原監督）
○天一坊と伊賀之亮（衣笠貞之助監督）
○限りなき前進（内田吐夢監督）
○浪華悲歌（溝口健二監督）
○祇園の姉妹（溝口健二監督）
○羅生門（黒澤明監督）
○七人の侍（黒澤明監督）
○西鶴一代女（溝口健二監督）
○雨月物語（溝口健二監督）
○彼岸花（小津安二郎監督）

十本とはどうよくすぎる。せめて五十本でないと苦痛のきわみ。
「アマチュア倶楽部」をサッと名調子で入れたかったのに。そしてまた木下惠介監督が一本も加わらぬなどとはあまりといえばあまりとなった。実は「女」を入れたが十本からはみ出した。

「楢山節考」は御苦労さまだが今村作品ともども深沢文学に負けきった。それよりも稲垣浩の「海を渡る祭礼」を落とさねばならぬとは我ながら恥ずかしい。さきにかかげた十本は順位で並べた十本ではありません。記憶の順番となりました。それで衣笠の「天一坊」がとたんに出てきたのはこの映画に骨のズイから参ったことでこれを見たあと衣笠にえんえんレタァペーパー二十四枚のラブレタアを書きポストに入れる直前に恥じ入って破ってしまったりの思い出がこもった作品。黒澤監督も二本でとどめ小津もただの一本でとどめたということは、つらい。

ほんとうは「限りなき前進」こそが私のいまもっての最高ベスト・ワン。

外国映画史上のベスト10

○グリード（エーリッヒ・フォン・シュトロハイム監督）
○愚なる妻（エーリッヒ・フォン・シュトロハイム監督）
○黄金狂時代（チャールズ・チャップリン監督）
○巴里の女性（ルネ・クレール監督）
○駅馬車（ジョン・フォード監督）
○大いなる幻影（ジャン・ルノワール監督）
○天井桟敷の人々（マルセル・カルネ監督）
○白雪姫（デヴィッド・D・ハンド監督）
○ニーベルンゲン（フリッツ・ラング監督）
○ベニスに死す（ルキノ・ヴィスコンティ監督）

十本はひどすぎる。十本ぜんぶチャップリンで埋めたいし、十本ぜんぶジョン・フォードでも埋めたい。ルウベン・マムウリアンの「喝采」も入れたいし、クレマンの

「太陽がいっぱい」も入れたいと思って、いま一度このわたくしの十本を、見つめて〝おい、おい、冗談じゃありませんぞ〟とひっくりかえった。あなた！　ヒッチコックが一本もないなんて。このベスト・テン記入初めヒッチの「疑惑の影」を書いたのにその紙切れが机からおっこちていたというのは嘘でヒッチを入れるとフォードは「駅馬車」よりも「男の敵」を入れたくなり「男の敵」を入れると「荒野の決闘」の線になって「怒りの葡萄」となってくる。「グリード」と「巴里の女性」を落さなかった安心よりも「白雪姫」のディズニィを落さなかったことは神に感謝していいであろう。ほんとうはマムウリアンの「喝采」とヘクトとマッカーサーの「生きているモレア」の線のベスト十本にしたほうがとも思った。

80年代日本映画ベスト10

1　**影武者**（黒澤明監督）
2　**泥の河**（小栗康平監督）
3　**転校生**（大林宣彦監督）
4　**マタギ**（後藤俊夫監督）
5　**戦場のメリークリスマス**（大島渚監督）
6　**乱**（黒澤明監督）
7　**火まつり**（柳町光男監督）
8　**さびしんぼう**（大林宣彦監督）
9　**異人たちとの夏**（大林宣彦監督）
10　**となりのトトロ**（宮崎駿監督）

「男はつらいよ」のすべての作品をここに加えるスペースのなきを伝えたい。とびぬけて発見したのは「となりのトトロ」と「転校生」「さびしんぼう」「異人たちとの夏」だった。「トトロ」とあわせて「銀河鉄道の夜」も加えたかったのに。

風格ではやはり「影武者」「乱」の黒澤。そして映画をしみじみ染めあげた「泥の河」。「戦場のメリークリスマス」は失礼だが意外なほど良く出来ていたので実にうれしく、意外とは合作共作この国と国とのへだたりにいつも失望してしてきているからだった。「火まつり」「ふるさと」も立派だったのに。

80年代外国映画ベスト10

1　**ブリキの太鼓**（フォルカー・シュレンドルフ監督）
2　**ルードウィヒ／神々の黄昏**（ルキノ・ヴィスコンティ監督）
3　**ラストエンペラー**（ベルナルド・ベルトルッチ監督）
4　**生きるべきか死ぬべきか**（エルンスト・ルビッチ監督）
5　**八月の鯨**（リンゼイ・アンダーソン監督）
6　**カオス／シチリア物語**（パオロ&ヴィットリオ・タヴィアーニ兄弟監督）
7　**アメリカの友人**（ジョン・カサヴェテス監督）
8　**父／パードレ・パドローネ**（パオロ&ヴィットリオ・タヴィアーニ兄弟監督）
9　**ファニーとアレクサンデル**（イングマール・ベルイマン監督）
10　**グッドモーニング・バビロン！**（パオロ&ヴィットリオ・タヴィアーニ兄弟監督）

画面の流れのなかに鮮やかに映画を呼吸させたのはルビッチだった。「ブリキの太鼓」はよくもこれを映画にしたこの映画芸術エネルギィに脱帽した。「ラストエンペラー」は映画史上に永遠に残るであろう。悲劇であり美術であった。「カオス／シチリア物語」は七〇年以上まえのモーリス・ターナーの「ウーマン」の美しさを呼びもどしてくれた。「八月の鯨」は二人の主役女優の生かしかたに感激した。「ファニーとアレクサンデル」はベルイマンの私作品でベルイマン芸術の見方感じ方の入門の鍵をもらった貴重な作品であった。十本では困難だ。

松竹オールタイム・ベスト10

戸田家の兄妹（小津安二郎監督）
浪華悲歌（溝口健二監督）
祇園の姉妹（溝口健二監督）
春琴抄・お琴と佐助（島津保次郎監督）
父ありき（小津安二郎監督）
秋刀魚の味（小津安二郎監督）
彼岸花（小津安二郎監督）
二十四の瞳（木下惠介監督）
女（木下惠介監督）
東京物語（小津安二郎監督）
張込み（野村芳太郎監督）
復讐するは我にあり（今村昌平監督）
マダムと女房（五所平之助監督）

元禄忠臣蔵　前・後篇（溝口健二監督）

「男はつらいよ」シリーズ（山田洋次監督）

天一坊と伊賀亮（衣笠貞之助監督）

見かへりの塔（清水宏監督）

浅草の灯（島津保次郎監督）

生れてはみたけれど（小津安二郎監督）

転校生（大林宣彦監督）

1992年の「私が選んだ好きな10本」

八月の鯨（リンゼイ・アンダーソン監督）
　リリアン・ギッシュとベティ・デイヴィスの共演が見もの。
奇跡の人（アーサー・ペン監督）
　アン・バンクロフトの熱演。
かくも長き不在（アンリ・コルピ監督）
　アリダ・ヴァリの名演技。
グランド・ホテル（エドマンド・グールディング監督）
　グレタ・ガルボとジョーン・クロフォードの確執。

（以下、監督で選んで）
D・W・グリフィス監督『**散り行く花**』
エーリッヒ・フォン・シュトロハイム監督『**グリード**』
ジョン・フォード監督『**果てなき船路**』

アルフレッド・ヒッチコック監督『レベッカ』
パオロ&ヴィットリオ・タヴィアーニ兄弟監督『カオス・シチリア物語』
（生涯のベストワン）
チャールズ・チャップリン監督・主演『黄金狂時代』
——チャップリンは、私の映画の神様です。

女優ベスト10　世界の女優、ベストとは？

「世界の女優」となると、これは「世界の名女優」のこと。ところが私ごときに考えれば、「世界の私の選んだ好きな女優」となる。

それで……「世界の女優」で申せば、エリザベート・ベルクナー。アスタ・ニールゼン。フランチェスカ・ベルチーニ。グレタ・ガルボ。アンナ・マニヤーニ。ピナ・メリケリというぐあいに数えられてきて、アメリカの女優ではガルボひとりしかあがってこない。

そこで「世界の好きな女優」となると……パール・ホワイト、リリアン・ギッシュ、マルレーネ・ディートリッヒ、グレタ・ガルボ、キャサリン・ヘップバーン……というぐらいにアメリカがほとんどを占める。

ところで私ごとき老人は、パール・ホワイトとかリリアン・ギッシュがすぐにも浮かびあがるが、若い人たちはそうではなかろう。

オードリー・ヘップバーン、ジョアン・ウッドワード、ビビアン・リー、マリリン・モンロー、メリル・ストリープ、ロミー・シュナイダー……というしぶごのみでもこんなところになるであろう。

●

そこで本当の世界の名女優となると、もちろん映画の場合であるが……リリアン・ギッシュ、エリザベート・ベルクナー、アスタ・ニールゼン、グレタ・ガルボ、アンナ・マニヤーニ、マルレーネ・ディートリッヒ、アリダ・ヴァリ……というところに落ち着くかとも思い。はたまたベティ・デイヴィス、アン・バンクロフト、キャサリン・ヘップバーン、ジャンヌ・モロー。このように演技派にしぼりあげて世界の女優を思うファンもあろう。はたまた……メリィ・ピックフォード、セダ・バラ、ポーラ・ネグリィ、ピナ・メリケリ、アラ・ナジモヴァと古き有名女優を思うファンもあろう。

●

というぐあいで「世界の女優」これはひと手にまとまるまい。そこで日本の京マチ子、田中絹代も加えて私の好きかって（失礼！）の世界の女優（というよりも私の女優）をここにあげてみよう。

①パール・ホワイト。これはアメリカのサイレント時代の連続活劇『鉄の爪』『電光石火の侵入者』などの人気スタア。私は7歳の頃より夢中。フランスの有名監督の

ルノワールも夢中。この『大いなる幻影』のジャン・ルノワールの小学生時代のあだ名がパール・ホワイト。あまりにもパールのファンだったから。

②セダ・バラ。妖婦女優第一号。『サロメ』『クレオパトラ』すべて彼女により知る。私の8歳の頃。

③リリアン・ギッシュ。『散り行く花』（1919年）からの私のアイドル。

④マルレーネ・ディートリッヒ。もちろん『モロッコ』（1930年）そして『間諜X27』の死刑場で若き死刑執行軍人のサーベルを借りて、その軍刀のピカリ光るところを鏡として口紅を塗った女スパイの死の直前。もちろん『嘆きの天使』（1930年）の椅子にまたがって歌った〝フォーリン・イン・ラブ・アゲイン〟の歌いっぷりとそのメロディ。

⑤グレタ・ガルボ。うまい女優とは思わなかった。しかしガルボが画面に現れるとほかのすべてが消えた。『グランド・ホテル』（1932年）この時27歳。しかしこの世間から忘れられた人気なきバレリーナのグルウジンスカヤは40歳の女の枯れた面影。

⑥キャサリン・ヘップバーン。『旅情』（1955年）がすばらしい。彼女いつもハイネックで首筋をかくす。その首筋をこの映画は逆に美しく可愛らしく見せた。彼女の手、脚、すべてが名演技で輝いた。

⑦アンナ・マニヤーニ。彼女がパチッと両手を合わした時のその瞬間。マニヤーニ

から〝女〟のすべてがあふれ出た。女のすべて。悲しい女。こわい女。くちやかましい女。怒れる女。泣きかけた女。そのすべて。『黄金の馬車』（1953年）『バラの刺青』（1955年）『蛇皮の服を着た男』（1959年）そのほかすべて。

⑧ジャンヌ・モロー。『死刑台のエレベーター』（1957年）『恋人たち』（1958年）。ベティ・デイヴィスを思わせたのにさらにフランスの最高の香水の香りを加えて私は目がくらんだ。

⑨シモーヌ・シニョレ。『嘆きのテレーズ』（1953年）『悪魔のような女』（1955年）そして夫のイヴ・モンタンを教育したゆえに。

⑩オードリー・ヘップバーン。ここいらですこしは若き人たちと手をつなぎたくてオードリー。彼女の『ローマの休日』（1953年）はアメリカ映画の宝石。この時、この映画、そしてこの新人女優。清らかさ、品格。これほどの女優を映画史上かつて見なかった。

⑪かくして我が国では『羅生門』の京マチ子。そして、まさに日本の代表女優たる田中絹代。

●

ここですこしは若き女優をと見渡すがこのところスタアを作らなくなったためにスタアとして見とれる女優がいない。まさに今日の女優。明日には消えるという悲しさ。

そして、その中で摑んだのが……アンジェリカ・ヒューストン、エマ・トンプソン、グレン・クロース、スーザン・サランドン、マーシャ・メイソン、メリル・ストリープとやっぱりあんまりお若くない。困ったもんだ。若いのが嫌いではないのだが、やっぱり「演技」で見てしまうので、若いこれらの女優に目移りがしなくなる。むしろ鼻のオバケのバーバラ・ストライザンドや目が顔じゅういっぱいみたいなゴールディ・ホーン。ちと古くなるがシャーロット・ランプリング、そしてあのトニー・カーチスとジャネット・リーを両親に持つジャミー・リー・カーチス。ちと太りましたがベット・ミドラー。なんですか……。マドンナも加えてほしいって？　もちろん悪くはありません。

　そしてウーピー・ゴールドバーグもですか。これ、ちょいといきすぎじゃありませんか。

●

　かかる次第で（好き）を加算するとまことにややこしくなってくる。

　そこで、厳格に、ほんとうに映画の歴史的に「世界の女優」をはっきり申しますれば①メリー・ピックフォード。②ポーラ・ネグリ。③グロォリア・スワンソン。④リリアン・ギッシュ。⑤グレタ・ガルボ。⑥マルレーネ・ディートリッヒ。⑦ジャネット・ゲイナー。⑧クララ・ボウ。⑨ルイズ・ブルックス。⑩パール・ホワイト。これはすべてアメリカ史上の女優。さらにオードリーもですか。

　そして世界となると、イタリアのピナ・メリケリ。フランチェスカ・ベルチーニ。デンマークのアスタ・ニールゼン。ドイツのポーラ・ネグリとエリザベート・ベルクナー、そしてマルレーネ・ディートリッヒ。フランスのフランソワズ・ロゼー、アルレッティ、ダニエル・ダリュー、カトリーヌ・ドヌーヴ。これまた考えだすときりがない。ああ、しんど！

●

　そこで私の最も好きな……としぼりまして①パール・ホワイト。②エステル・テイラー。③アンナ・マニヤーニ。④リリアン・ギッシュ。⑤ルイズ・ブルックス。⑥ザス・ピッツ。⑦グロォリア・スワンソン。⑧パトリシア・ニール。⑨キャサリン・ヘップバーン。というぐあいになりまして、ここに『グリード』のザス・ピッツとユニヴァーサルのサイレント・スタアのプリシラ・ディーンをも加えさせてもらって、やっとオサマリマシタ。ああ、しんど!!

1980年代「洋画ベスト50」はこれだ！

淀川長治
蓮實重彦

蓮實　今日は淀川さんから一九八〇年代の映画についてうかがいます。編集部の企画では淀川さんの「80年代ベスト50」を聞き出すということなんですが、そのベスト50というのは一応無視するとして（笑）、いかがでしょうか、この十年の映画は。

淀川　弱ったなあ。ぼく、自分の好きな作品を書き出してみたの。そうしたらみんな欧州の人ばっかり。それで、今日は蓮實さんからひどい仕打ちを受けるな、と覚悟しとったのよ（笑）。ジョン・フォードもワイラーもみな死んどるでしょう、だからアメリカ映画はもう誰もいないの。ケン・ラッセルだってイギリス人で、アメリカじゃないもんなあ。また蓮實さんに怒られるけど、タヴィアーニ兄弟もイタリーの人でしょう。亡くなったフランソワ・トリュフォーも八一年の『隣の女』はよかったけど、これもフランス人やし、みんなヨーロッパの人ばっかりなの、アメリカでいい人がわりにおらんなあ。

蓮實　ハリウッド映画で産湯をつかわれた淀川さんとしては、まずいですね。（笑）

淀川　この企画はニセ伯爵の計画でしょう（笑）。ちゃんと知っとるのよ（笑）、ぼくの息の根止めてやろうという計画。ヒドイなあ。今日はだからメンソレータム買ってね、包帯用意しとこう思ったの（笑）。アメリカの映画はないのよ、本当に。全部欧州もの。アメリカものがあったんで喜んだのはウディ・アレンぐらい、あとはもうみんな小さくて小さくて。ジョン・ヒューストンが死ぬ前に『ザ・デッド』を撮ったぐらいかね。

蓮實　『ザ・デッド』はよかったですね。でも、ぼくは悪だくみなんてしていません。淀川さんのお話が聞けるというのでとんでまいりました。

淀川　まあまあ、おジョウズなこと。でも、だまされませんよ。（笑）

蓮實　アメリカ映画がヒドクなったのは確かですね。

淀川　アメリカ映画はいま過渡期でね、ヴェトナム戦争以後、すっかり駄目になって、荒されて、いい監督がいい映画作る意志がなくなったとこへ、いまは若手がどんどんどんどん、学生上がりみたいな無茶なのがいっぱい出てきて（笑）、ことにオリヴァー・ストーンなんていう馬鹿が出てきて（笑）、もうオシマイだと思いました。

蓮實　オリヴァー・ストーンは許せませんね。

淀川　まああありがとう。気が合ってよかったなあ。『7月4日に生まれて』、ぼく、あんな嫌いな映画ないね。あれを見ると吐き気がするの。

蓮實　『プラトーン』を見た時、映画もずいぶん馬鹿にされたもんだと思いました。ジャーナリスティックな野心ばかりが見え見えで、まともな演出ができないんですね。ただ、トム・クルーズはとてもいい役者だと思いました。オリヴァー・ストーンなんかにつき合わず、『ハスラー2』のマーチン・スコセッシあたりとまともな映画を撮ってほしいですね。

淀川　いいことおっしゃった。トム・クルーズ、ぼくも好きなの。けど、オリヴァー・ストーンはトム・クルーズを餌にして客を呼んどるのよ。『7月4日に生まれて』の試写を見た時、一人だけ前の方でパチパチ手たたいてるのがおったの。困ったなあ（笑）。さすがに恥ずかしくなったらしくて止めたけど、あれじゃあ、トム・クルーズが可哀想やなあ。

蓮實　バリー・レヴィンソンの『レインマン』でもダスティン・ホフマンがやたらに評判がいいんですが、あの大袈裟な演技をトム・クルーズが実に上品に受けている。

淀川　そうやね。ダスティン・ホフマンよりトム・クルーズの方がよかったなあ。ダスティン・ホフマンは自分の方が風格あるというような感じで、無理に、オーバーになる手前でやっておったが、あれを受けるトム・クルーズは偉いなあと思うの。あれはいい子だね。

蓮實　同じヴェトナム戦争ものでは、七〇年代の方が立派でしたね。マイケル・チミノの『ディア・ハンター』なんかの方が、映画としてはずっと充実していましたね。オリヴァー・ストーンなどと違ってチミノは観客に媚びていないし。

淀川　マイケル・チミノって『イヤー・オブ・ザ・ドラゴン』の人でしょう。好きだよ。けど、『ディア・ハンター』は意外に評判になっとらんのよ。よかったなあ。初めに工場みたいなのがあって、あの風景、よかった。最近のものでは『シシリアン』、いいですよ。あの人、イタリー系でしょう。だから純粋のアメリカ人じゃないのね。

蓮實　同じイタリー系の監督ではフランシス・フォード・コッポラ。みんなは馬鹿にするんですが、ぼくはコッポラは好きです。

淀川　ぼく、馬鹿にしてないよ。馬鹿にしとりません（笑）。どんなに言われても、ぼく、コッポラ好きだよ。

蓮實　『タッカー』はよかったですねぇ。

淀川　そうでしょう。ぼく、コッポラが何か可哀想でならんの。本物の、純粋な純粋な映画青年なのに、アメリカではうまくいかないの。商業主義が足らんのよ。初期の『雨のなかの女』、よかったもんなあ。もちろん、蓮實先生も見ておられる。さすがやなあ。見てなかったらいじめてやろうと思っとったのに（笑）。コッポラは本当に映画が好きなの、アメリカで一番映画好きな人なの。それで失敗してるの。あんまり映画が好きだから作りにくくて、妥協しよう思うと失敗するんやなあ。『タッカー』だって、もう一息なの。あと一息で興行価値が出そうなのに、出ないような映画にしてるのよ。でも、蓮實さんもコッポラ好きだとは嬉しいなあ。

ぼく、コッポラに触ったことあるの（笑）。アベル・ガンスの『ナポレオン』を持ってきたでしょう。『ナポレオン』をやった。これが偉いなあ。映画青年で、純粋な純粋な人やなあ。それで『ナポレオン』のポスター見せてくれたの。ぼく、「綺麗ねえ」、言ってコッポラに触ったのよ。コッポラの嫁さん、上品でおとなしい人なの。ニューヨークでわざわざ嫁さんを紹介してくれたの。「はい」って言ってんの。『ゴッドファーザー』に出とったあの妹のタリア・シャイアも好きだね。

こんなことに驚いとったらいかんけれど、ニューヨークで日曜日のメトロポリタン美術館でドイツ美術の展覧会があったの、コッポラはそれをちゃんと見に行ってるのね。超満員の中で擦れ違ったの、コッポラに似てるから背中をさすったのよ（笑）、そしたらこっちを向いて、「あッ、あなたか」言うて、やっぱりコッポラだったの。あの時まだ子供が生きとった頃で、子供連れて……。子供を溺死させてから、ちょっと元気ないんで可哀想やなあ。そんなんで、コッポラは、ぼく好きですよ。コッポラは、映画が好きな人だ、珍しいな。いまはみんな何かギラギラしてるけど、コッポラはギラギラできない人やな。

蓮實　スピルバーグよりは、コッポラの方がずっとぼくも好きなんです。

淀川　そう、スピルバーグは『激突!』の人でしょう。初めはよかったけれど、もうたちまち拝金家になって、おカネ集めばっかりになっちゃって、つまんない映画をプロデュースし過ぎたね。たまに心入れ替えて、『カラーパープル』なんか撮っても、うまくいかないの。『E.T.』で大当りしてからあの秀才もだんだん儲け主義になったのね。

というわけで、今日の対談は、ぼくの一番さみしい時代の話だから（笑）、もう返り討ちにあったようなものなの。それを覚悟して、少し早目にここに来て見下してやろう思っていたら三十分も前に蓮實さん、もう来とったの。困ったなあ。（笑）『アマデウス』、面白い思ってもミロス・フォアマンも欧州の人やもんなあ。アメリカ映画は少ないなあ。今日はヨーロッパ映画で育った蓮實さんの独り舞台。さあどうぞ、何でもしゃべって下さい。（笑）

蓮實　ちょっと待って下さい。ぼくだってアメリカ映画で育った人間です。そりゃあ若い時にパリに滞在しておりましたが、そこでは見そこなっていた三〇年代のハリウッド映画ばかり見ておりました。第二次大戦後の日本に入ってこなかったルビッチやジョン・フォードを見たのもその時です。もっとも、アメリカ映画で育ったといっても、淀川さんにくらべれば遥かに育ちは悪いんで、その点はお許し下さい。

淀川　まあ、うまいこと言って、またごまかそうとする（笑）。けど、蓮實さんがジョン・フォードをお好きなこと、よく知っとるの。初めてお会いしたのが、フィルムセンターで『周遊する蒸気船』を見た時でしたもんなあ。あの時、ぼくにも口を利いて下さったもんなあ。この先生、すまして「ああ、今日は」なんていうの。それから、エルンスト・ルビッチ、あの粋で粋で粋なルビッチの『生きるべきか死ぬべきか』、山田宏一さんとあなたのお蔭で去年初めて見ることができました。嬉しかったなあ。

蓮實　今年はビデオですが、やっとワイラーの『孔雀夫人』を見ることができました。あれを見ていなかったので、山田さんと二人、淀川さんからさんざんいじめられました。（笑）

淀川　『孔雀夫人』といったらウィリアム・ワイラー、ワイラーいったら『孔雀夫人』、いいでしょう、嘘じゃなかったでしょう（笑）。ウォルター・ヒューストン、もうあんな役者はおらんなあ。あの頃はアメリカ映画が一番面白かったの。ああいう監督ももう出ないしなあ。

いまは、アメリカ映画の歴史の中で一番堕落した時代なの。最近になって、やっと『フィールド・オブ・ドリームス』とか、ハートウォーミングなもの作ろうとしている。またこれはつまらんけど、『グローリー』、グリフィスの『国民の創生』をもういっぺん作り直そうとして、そう、努力はしてるのよ。しかし、まだだね。きっとまたよくなると思うけど、ヨーロッパに負けとるなあ。

蓮實　どうもアメリカ映画の旗色が悪いのは困ったことですが、またこれは国際的な評価にも出ていまして、一昨年、オランダのロッテルダム国際映画祭で、いま期待される世界の映画作家の投票があったんですが、ジム・ジャームッシュを除いてアメリカ映画の監督がまるで顔を出していないんです。

淀川　どこのベスト10ですって？

蓮實　オランダのアムステルダムから四十分ぐらい離れたところのロッテルダムで、今年で十九回目になる国際映画祭があったんです。ヒュー・バルスというディレクターが有名だったんですが亡くなってしまって、今年からイタリー人のマルコ・ミュレールという東洋の映画もよく知っている男がディレクターになりました。かなり程度は高いところなんです。グランプリなんか出さないで、気に入ったものだけを上映する、地味ですが面白い映画祭で、そこで世界の映画祭を代表する人たちが投票したんです。毎年一月下旬にやるので今年行ってきたんですが、一般上映のほかに三つぐらい特集がありました。今年はカナダのデヴィッド・クローネンバーグと、インドのリトウィック・ガタックという人が特集されてました。

淀川　この頃はインドのサタジット・レイはもう出なくなったの。

蓮實　いや、レイもまた元気になったようですが、ぼくはレイよりも、このガタックという人の方がいいと思っています。日本でもちょっと紹介されていますが、この人の全貌が見られて、とても面白かったです。インドではこの人と、それからグル・ダッドという人は、まあ趣味の問題もありますが、サタジット・レイよりは好きなんです。しかも来年の特集が、ニコラス・レイの全作品なんです。

淀川　まあ、あなたが最も尊敬しておられる監督（笑）。蓮實さんは、一時、ニコラス・レイの宣伝係やってたもんなあ。

蓮實　いまだにやっています（笑）。ニコラス・レイの全作品と、日本映画のB級的なもので、加藤泰、鈴木清順、川島雄三、森一生をやりたいと言ってます。

淀川　へーえ。よっぽど映画好きな人だな、川島雄三とか、そういうのを選ぶ人やからね。面白いね、偉いね。で、その期待する監督にはどういう人が選ばれたの。

蓮實　一位がヴィム・ヴェンダース。これはまあ順当でしょう。

淀川　ヴェンダースは『ベルリン・天使の詩』。ぼくも好きだったよ。あなたが一番初めに褒めたのね。日本で封切られた時に「これは、ぼくのベストワンです」なんて、あの言い方が気に食わなかったけど（笑）。でもヴェンダースはやっぱりいい、あれ以来蓮實さんに敵わないの（笑）、でもよくあんなに言い切れると思った。静かにね

(笑)、「ベストワンです」なんて、キザだったなあ。それから?

蓮實　二番目がジム・ジャームッシュ。

淀川　いいねえ、面白かった。『ストレンジャー・ザン・パラダイス』の若い監督、『ミステリー・トレイン』もそうやね。

蓮實　二番目で一応アメリカ人が出てきますが、ニューヨークのインデペンデントで、ハリウッドの人じゃないわけですね。

淀川　そうなんですね。でも、偉いもんだね、いいものを選んどる、やっぱり共通してるんだね。ジム・ジャームッシュとヴェンダースなんて、いま日本でも一番ニューモードだもんね、それがちゃんと選ばれてる。

蓮實　第三位が侯孝賢《ホウ・シャオシエン》なんです。

淀川　まあ、向こうでももう出てるの。ぼくが初めて見たのは『恋恋風塵』。今度の『悲情城市』もよかった。もういっぺん見たいね。この侯孝賢という人、台湾の監督でしょう。それで、よく映画知ってるのね、新東宝全盛時代の監督の作品みたいに日本に共通の何かがある……。『恋恋風塵』の男の子がバイクを盗られるでしょう、そこからえらい泥棒になって、泥だらけのメロドラマになるか思ったら、ならなかった。ああいうとこ、品があるのよね。だから好きだった。ぼく、『恋恋風塵』は大好きでね、あのおじいちゃん、ぼく演《や》りたくなったの。(笑)

蓮實　ハハハハ。

淀川　いいおじいちゃんだし、山は綺麗やし、電車がいいのよね。だから私は、翡翠みたいに大事にしたいぐらい好きだった。『悲情城市』も見ましたけど、これは疲れてたの、だからもういっぺん見ようと思うの、あの中華料理屋の色ガラスがいいね。それからたとえばヤクザが集まってても、日本みたいに倶梨伽羅紋紋が出ないの、ちょびっと見えるだけでね（笑）。ああいうとこ、何とも知れんいいねえ。あの家もいいね。この人は、前の作品でも家がよかった、段々の家がね。

蓮實　あの入口の石段がいいんです。

淀川　言うだろうと思った（笑）。こういう話になると冷酷なニセ伯爵も急に童心の顔に戻るんよ、瞬間（笑）、「あの段々が……」言うて。この監督は捨て難い。お盆が出てきたり、いろいろな風俗があってね。たばこを喫《の》むシーンもいいね。あのおじいちゃんも何ともいいな。箸を持ったり、お茶碗を持ったりごはんを食べたり。いいね、あのおじいちゃんの役演《や》りたかった、ごはんばっかり食べとったから（笑）。『恋恋風塵』の印刷工場も忘れられんね。

蓮實　ああ、年かさの同僚が奥にいて、機械がバタンバタンと作動して……。

淀川　あのバタンバタンという時、ニセ伯爵がまた童顔になるの（笑）。あれが本当の映画やねえ。けど、段々がいい、バタンバタンがいい言うてんのはぼくらぐらいのもんよ。そういうこと、もっと言わにゃあいけない。

蓮實　ちょっと日本の若手は太刀打ちできませんね。

淀川　太刀打ちできんなあ。

蓮實　アメリカも負けてますよね。

淀川　侯孝賢は偉いね。オリヴァー・ストーンのようにごたごた説明しないの。上品やからね、この人は。

蓮實　ぼくは、いまの若手では侯孝賢が一番好きです。個人的にはベスト1にしたいところです。

淀川　分かりますよ。あなたが『恋恋風塵』好きなの。けど、偉いもんだねえ。こういう監督を見分けてちゃんとベスト3に入れてるもんなあ。

蓮實　なかなか面白いリストでしょう。

淀川　あなたが作ったんじゃないの。

蓮實　ハハハハハ。違いますよ。

淀川　ぼく、侯孝賢、日本で会いましたよ。この間来た時に、いかにも真面目ないい青年でした。

蓮實　ぼくも何度か会いました。初めはまるで英語が話せなかったんですが、いろいろな国際映画祭に出席してきたせいで、最近では話も通じるようになりました。先日、東京のホテルでヴェンダースと侯孝賢が初めて会った時に居あわせたんですが、ヴェンダースと握手しながら、「アリス、グッド・フィルム」なんて言っていました（笑）。『都会のアリス』のような初期のものが気に入っているようでした。

淀川　それは分かる。そうだろうね。

蓮實　いま思うと、世界の三大監督の二人が、真夜中の東京で初めて出会ったんですから、日本も国際的になったものですね。

それで、ベスト10の第四番目は、スレイマン・シセ監督、マリ共和国の人で『ひかり』というかなりよい作品が日本でも公開されていますが、前の三人とくらべるとちょっと落ちます。近く『風』という作品も上映されますが、第四位とはやや過大評価という気がします。

淀川　アフリカの監督いうと、岩波ホール専門でしょ（笑）。岩波ホール、この前、『チェド』って、ちょっと当たった映画があったけど、ああいうのも分かんないの、「チバ」「クカ」「ピカ」とか言うだけでね（笑）。キャメラも据えっ放しだしさ、どこがいいのか思うんだけど。アフリカだから、みんなが喜んでね、拍手してやるいう優しさが出過ぎてくる時があるね。

蓮實　『チェド』のウスマン・センベーヌは、アフリカ映画の第一世代だという意味では重要ですが、セネガル出身の知識人で小説家ですし、映画作家としてはあまりいい仕事は残していません。ところが、スレイマン・シセは次の世代で、これはなかなかうまいんですが、ちょっと審美的過ぎて、ヨーロッパ映画みたいなところが気に入りません。しかし、かなりの才能であることは確かで、アフリカだから注目するというのとはちょっと違ってきています。

淀川　へーえ、そうなの。ぼく、見なかったな。身体が悪い時期があったんで、ずいぶん見のがしているの。で、五番目は誰？

蓮實　ピーター・グリーナウェイ。

淀川　ああ、好きだよ、『建築家の腹』。

蓮實　『ZOO』『数に溺れて』、それに近く新作『コックと泥棒、その妻と愛人』が公開されます。

淀川　この人はイギリス人でしょ。ぼくは『建築家の腹』しか知らない。面白かった。

蓮實　淀川さんお気に入りのブライアン・デネヒーが主演でしたね。

淀川　まあ失礼、違いますよ（笑）。役者はもちろんいいけど、『建築家の腹』はイチジクとか怖い女の人とか、ああいうとこが好きなの。不思議な映画ね、お腹さすったりするでしょ。面白いとかつまらないとかでなしに、好きな映画があるね。いい意味で気になる映画。画面がちょっとオレンジみたい、レモンみたいな色でしょう。あれが好きなの。訳分からんかったけど。（笑）

蓮實　確かに気になる映画ですね。キャメラがアラン・レネの『ミュリエル』や『去年マリエンバートで』を撮ったサッシャ・ヴィルニーなので画面がとても凝っていましたね。サッシャ・ヴィルニーは、去年おしのびで東京に来たんですが、プロデューサーの関係でレネと仕事ができなくなってからピーター・グリーナウェイと組めてとても幸福だと言っていました。

ぼくはグリーナウェイでは『ZOO』が一番好きで、最近のものはどうも映画祭ねらいという野心が透けて見えて好みません。

淀川　ニセ伯爵はキツイんだからね。黒澤明さんの『夢』がカンヌのオープニングだけど、あなたは冷たい目で、もうカンヌなんて馬鹿にして、オスカーなんかお便所の紙みたいに思ってるんでしょう。

ぼくはあなたみたいに薄情じゃないの（笑）。黒澤さん、まだ見捨てとらんよ。やっぱりあの人のイマジネーション、何かあるのよ。

蓮實　ぼくだって、黒澤さんの好きな映画は沢山あります。しかし、スピルバーグやルーカスが妙に持ち上げたりするから。

淀川　神格化し過ぎた、それはあるなあ、確かに。けど、黒澤さん、ぼく好きだよ。あなたの言うことも分かるの、ジョン・フォードがお好きやもんなあ。黒澤さん、ジョン・フォードから沢山影響受けとるのよ。

ところで、ピーター・グリーナウェイが第五位、面白いなあ。次は誰ですか。

蓮實　第六位が陳凱歌《チエン・カイコー》。

淀川　ああ、『子供たちの王様』、見たかったの。けど、ちょうど病気で見られんかった。中国の若い監督。しかし、やっぱりよく知ってるね、みんな。偉いね、面白いベスト10やね。この人、最近もまだ撮ってるの。

蓮實　いまは中国を離れてニューヨークで暮していますが、なかば亡命生活のようなものだと思います。文化大革命で「下放」された世代で、『黄色い大地』という映画で国際的に高く評価されました。第二作の『大閲兵』というのが傑作でして、これは天安門広場前の行進を準備する少年兵たちを描いたとても力強い見事な作品でした。日本でもだいたい紹介されていますが、現代の中国ではちょっと撮りにくいのでしょう、合衆国に住んでいますが、近く中国で新作にとりかかるそうです。

淀川　陳凱歌、これは見てみたいなあ。

蓮實　ぜひご覧下さい。感心なさると思います。

淀川　で、第七位は誰なの。

蓮實　これが何とジャン＝リュック・ゴダールなんですよ。

淀川　やっと知っとるのが出てきたね（笑）。でも、ゴダール、嫌いじゃないよ。やっぱり映画をよく知っとるもんなあ。憎たらしいけど、やっぱり偉いよ。

蓮實　このリストは若い有望な人材が対象ですから、三十年のキャリアを持つゴダールが選ばれるのは妙なんですが、やっぱりこの名前は落とせないんでしょうね。ゴダールは『リヤ王』という大傑作があるんですが、まだ日本には入ってきていません。最新作がアラン・ドロン主演の『ヌーヴェル・ヴァーグ』で、これはカンヌに出るようです。

淀川　ぼくだって、ゴダール嫌いじゃないよ、いつも見てるのよ。『右側に気をつけろ』、好きだった。ぼく、論文書いたのよ。

蓮實　もちろん拝読しております。

淀川　まあ、コワイ、コワイ、もう書くまい、ゴダールなんか書いたらニセ伯爵になぶり殺される。けど、やっぱり面白いもんなあ。

蓮實　もうそろそろ、ゴダールを許して下さいませんか。（笑）

淀川　別にいじめてませんよ。『勝手にしやがれ』の時は、「あのバイ菌」なんて言ったけど（笑）。あれで、品が悪くなったんだから、映画作る人が。でもゴダールは違うね。目で見せる人やね。不思議なことに飛行機の雲出しても、出し方がスーッとする。凄い感覚持ってるの、そういうところはやっぱり偉いよ。『パッション』だって、こんな汚いスタジオでこんな綺麗な名画の再生番組作れるというのを愉しんどるしなあ。ゴダール、好きですよ、嫌いじゃあない。本当ですよ。（笑）

蓮實　ゴダールの弟子筋にあたるフランスの有望株レオス・カラックスが第八位。『汚れた血』の人です。

淀川　それも病気で見られなかった。

蓮實　第一作の『ボーイ・ミーツ・ガール』もなかなか面白かったし、いま、『ポン・ヌフの恋人たち』というのを二年がかりで撮っています。『存在の耐えられない軽さ』に出ていたジュリエット・ビノッシュの恋人で、パリのセーヌ河にかかったポン・ヌフという橋がありますね、そこを交通遮断した昼夜ロケを予定して許可が下りたんですが、直前に主役の男優が足を骨折して駄目になってしまう。そこで南仏の貯水池にパリの橋とまわりのデパートなんかをそっくりセットで再現したら、嵐が来て全壊。

淀川　マア……。

蓮實　それでオープンセットを建て直したところ、橋の支えのカーヴが気に入らないというので今度は監督自身がこわしてしまう。

淀川　面白いな、その話。

蓮實　それで資金が続かなくなり、プロデューサーが二人もやめてしまう。大変な完全主義者で、何だかシュトロハイムの再来みたいにお金を湯水のごとく使っているようです。幸い、ごく最近、撮影が再開されたそうですが。

淀川　その人、若いの？

蓮實　三十歳になるかならないかという若者ですが、不敵な面構えをしてます。それでいて成瀬巳喜男に出てくる高峰秀子の大ファンだったり、妙な青年です。

淀川　いまどき珍しい人やなあ。（笑）

蓮實　第九位がふたたびイギリスで、『危険な関係』のスティーヴン・フリヤーズ。

淀川　ああ、大好きだよ。『危険な関係』、怖い映画だなあ、あれはやっぱりヨーロッパだな。世界でも評価されてるんだね、あの人も。

蓮實　『マイ・ビューティフル・ランドレッッド』とか『プリック・アップ』とか、なかなか野心的な仕事はしてるんですが、ちょっと過大評価されてるんじゃあないでしょうか。この人より、第十位のセルゲイ・パラジャーノフの方が遥かに面白いと思います。残念ながらごく最近亡くなってしまいましたが。

淀川　ああ、『火の馬』のソヴィエトの監督。非常にクラシックで、何かよかった。パラジャーノフはその後、沢山撮っとるの？

蓮實　『火の馬』で世界的に有名になったんですが、その後、ソ連では弾圧されて、同性愛の罪で投獄されたとかいろいろなニュースが伝わって来ましたが、ごく最近、もう六十歳を超えてるはずですが、元気にカムバックしました。この人の『火の馬』とタルコフスキーの『アンドレイ・ルブリョフ』が当時のソ連では危険視されて、男色趣味といった口実で自由を奪われていたりしたんです。

淀川　オスカー・ワイルドみたいやね。でも、馬鹿だね、『火の馬』みたいなクラシックないい映画を撮った監督がね。

蓮實　ぼくはこの人の方がタルコフスキーより好きなんですが、何だか神秘主義めいていて、絢爛豪華な幻想というのではないんですが、『スラム砦の伝説』という映画、催眠術かけられたみたいに、三度見たけれど三度とも眠っちゃったんです。彼、グルジア系でアルメニアの撮影場で撮っていた人でしたから。クレジット・タイトルもあの妙な文字で、それに民族音楽が響いて、まるで魔法かけられたみたいに眠りにすいこまれてしまうんです。

淀川　面白いなあ。せりふをしゃべるのが長いの？

蓮實　いや、そんなことはないんです。何だか眠くもないのに、催眠術をかけられたみたいに気がつくと眠ってるんです。

淀川　アハハハハ。

蓮實　二度見て二度とも眠っちゃったという人とまた一緒に見に行って、眠りそうになったら抓《つね》って起こすと約束してたんですが、二人ともスーッと眠っちゃいました。ぼくは映画館で寝たことなど絶対にないんですが。

淀川　ぼく、その映画見ても、神かけて寝ないよ。（笑）

蓮實　彼の最新作『アシク・ケリブ』は近くソヴィエト映画祭でやるはずです。ぜひご覧下さい。淀川さんがお好きな作品だと信じています。
淀川　『火の馬』の人なら、見たいねえ。でもパラジャーノフはソ連でしょ。ベスト10には、ジャームッシュを除くと遂にアメリカの監督が出てこんなあ。
蓮實　十一位に次点みたいなかたちで、かろうじて柳町光男が登場します。
淀川　でも偉いね。柳町さんのあの山の映画、『火まつり』、悪くないもんなあ。猿殺すとこはいかんけど、そんなメンバーの中で、よく十一位に入ったね。立派やね。侯孝賢ともどこか通じるところがあるのよ。しかし、安心しました、日本映画が出て来て。アメリカ映画が駄目いうのは、ぼくが思ってるだけじゃなくて、世界でもそう思われてることが分かって面白かった。でも、ちょっとさみしいなあ。いまはやっぱり過渡期なんだね。いい人はみんな死んでしまった。
　この間、ぼくは病気で行かれなかったけれど、東京国際映画祭があったでしょう、そしたら私のホテルの真ん前がミハルコフの部屋だったの、よっぽど夜這いに行こうか思ったけど（笑）、悪いからね、疲れて寝てるだろうから。そしたらロビーでフランス映画社の人に紹介されたの、ぼく、ミハルコフ、好きなの。あなた、『黒い瞳』は嫌い？
蓮實　ぼくは、どうも駄目ですねえ。

淀川　言うだろうと思った（笑）。ああいうの絶対駄目。やり過ぎとるからね。だから『特別な一日』なんか駄目でしょう、ものは違うけど。

蓮實　いや、エットーレ・スコラの『特別な一日』は大好きです。

淀川　そうなの。よかったね。ときどき変になっちゃうの、この人ね、趣味が……。（笑）

蓮實　いや、『特別な一日』はいいですよ。

淀川　この人の奥さん辛いだろうね、今日はいい言うて、明日は悪くなるから。『黒い瞳』は、あんまり出来過ぎてるからいやなの？

蓮實　まあ、そうですね。

淀川　冷酷に静かに言うんだからこの人は。まあ、何言われてもかまわん。八〇年代の好きな映画を書き出しといたから、ちょっと聞いて頂戴ね。まず、アラン・レネの『アメリカの伯父さん』。これが、一九八〇年だよ。いいでしょう。ぼく好きだったな。

蓮實　そうですね……。（笑）

淀川　どうもその言い方あんまり喜んでない、喜んでないな（笑）。フォルカー・シュレンドルフの『ブリキの太鼓』は、一九七九年だから、八〇年に入れてもいい。悪くないでしょう、これは。

蓮實　うーん。

淀川　駄目なの。絶対合わないね、この人と、いまは（笑）。エットーレ・スコラは好きなくせに。
蓮實　スコラの方が可愛いと思います。
淀川　「可愛い」だって、まあー図々しい言い方！（笑）。ぼく、好きだよ、『パッションン・ダモーレ』も好きだし、『ル・バル』もね。『マカロニ』だっていい。
蓮實　はあ……。
淀川　だんだん嫌いになってきた、この人。
蓮實　ハハハハ。
淀川　『パッション・ダモーレ』はいいけど『ル・バル』でちょっといやになってきたんでしょう。
蓮實　正直言ってそうなんです。
淀川　ほれ、分かるの、この人はもうひねくれてんの、生まれながら（笑）、『ル・バル』なんて可愛いのにね。出来過ぎたらいけない、『マカロニ』もそう、ちょっと出来過ぎなんでしょ。分かる、分かる。（笑）
蓮實　『マカロニ』のマストロヤンニは素晴らしいと思いました。
淀川　凄いですよ、あの人。『黒い瞳』もね。
蓮實　『黒い瞳』もマストロヤンニだけは素晴らしかった。

淀川　素晴らしいでしょう。それが分かればいいのよ。エットーレ・スコラだからまあそんなにお嫌いでもないですね。

蓮實　エットーレ・スコラでは好きなのが二本あります。まず『あんなに愛しあったのに』という作品、これは無条件に好きです。対独レジスタンスの仲間がどうやってイタリーの戦後を生きたかって話で、そのうちの一人が映画評論家になり、映画にすべてを捧げて家族も捨てたりする。身につまされます（笑）。『ニュー・シネマ・パラダイス』などより遥かにいい作品です。

淀川　まあ、皮肉言っとるよ。（笑）

蓮實　これは近く公開予定ですが、それと『特別な一日』は絶対擁護します。『ラ・テラス』も『ラ・ファミリア』も悪くないと思います。

淀川　まあ安心した。どうなるかと思ったよ（笑）。それから、ぼくの好きなケン・ラッセルの『サロメ』も八〇年代だけど、これもあなたは駄目だろうな。

蓮實　…………。（笑）

淀川　いや、分かっとる。いまは、この二つの血は合わんのよ。危ないと思った（笑）。ケン・ラッセルもやり過ぎるからな。けど、ぼく、やっぱり好きなの。

じゃあ、当ててみましょうか。あなたはたぶん嫌いだね、タルコフスキーは。

蓮實　偉大な芸術家として尊敬はしますけど、好きな作家ではありません。

淀川　そういう言い方もあるんだねえ（笑）。しかし、どこか分かるの。タルコフスキーって、ちょっと「これ、見なさい」いうところがあるの。火事で家が燃えても、ちょっと黒澤明に通じるところがあって、やはりこれみよがしのところがある。『惑星ソラリス』の時から、そういうのあるよ、タルコフスキーには。何か乗せようとするところもあるしなあ。立派な人のくせに貧乏根性があるのよ。

蓮實　映画以外の何かを信じてるっていう感じがするんです。

淀川　まことに、そうよ。あなたのおっしゃること、よう分かる、何か不誠実なの、映画に対して。魔法にかけようとしてるの。そこが『2001年宇宙の旅』と違うのよね。

キューブリックの方は、もう、映画、映画、映画、映画で酔っぱらおうとしてる。そういう幼稚さがないね、タルコフスキーには。

蓮實　『2001年宇宙の旅』のキューブリックの方が、ずっと映画に対して真剣だと思います。

淀川　そう、よかった、よかった。やっと気が合った！

蓮實　と、思いますが……。

淀川　また誤魔化す（笑）、ここんとこ大きく印刷して下さいよ、「ニセ伯爵、また誤魔化す」って。しかし、この人はタルコフスキーをまともに褒めんからねえ、絶対褒めんと思っとったよ（笑）。そして、それ、よく分かるの。よく分かるから、じゃあ、あなたが褒めそうもない映画言おうか。ジャン＝ジャック・アノーの『薔薇の名前』、ぼくはちょっと好きやったけど。

蓮實　役者はいいです、ショーン・コネリー。

淀川　キャメラもいいよ。それで監督が弱い、言いたいんでしょう。

蓮實　はい。（笑）

淀川　分かるよ。いや、妥協するのと違う。言われたら分かるのよ。ぼくだって、誰かもっとはっきり教えてほしかったものな、何か気取って、気取って。あれ、一種の『雨月物語』だもんねえ。そしたら溝口健二の方がいいに決っている。

蓮實　なるほど、それは鋭い。淀川さんじゃないと、そうは言い切れませんね。

淀川　また、おだてて誤魔化そうとしている。だまされんよ。（笑）けど、何か気取ったり計算したりすると、この人は許さんのね。きついなあ。心配になって、もの言えなくなるよ。タヴィアーニ兄弟言うたら怒られるしなあ。（笑）

蓮實　怒ったりしません。ただ『グッドモーニング・バビロン！』が個人的に好きでないだけです。

淀川　まあ、聞いた？「好きでないだけです」、冷たく言うもんなあ（笑）。じゃあ、ベルナルド・ベルトルッチはどうなの。

蓮實　ベルトルッチは『ラスト・エンペラー』さえ大好きです。

淀川　まーあ、「さえ大好き」だって。その言い方、ちょっと直しなさい。憎たらしいなあ。（笑）

蓮實　いや、『ラスト・エンペラー』が好きだと言うと、みんなから仲間はずれにされるんですよ。でも、ぼく、本当に好きなんです。

淀川　『ラスト・エンペラー』、病気の最中に車に乗って見に行って、背中痛かったけど、最後まで見た。

蓮實　ぼくは三度見ました。

淀川　そうなの。ああよかった。ベルトルッチ、立派だもんな。

蓮實　ジャン＝ジャック・アノーあたりとはタマが違います。

淀川　美術やキャメラが群を抜いとるな。

蓮實　それでちっとも気取ってない。

淀川　そうなのよ。

蓮實　子役たちが、三人ともそれぞれ素晴らしい。あの素晴らしさは、ただごとではないと思いました。

淀川　お乳母《んば》さんがオッパイ飲ますとこなんて、もう美術品やな。

蓮實　庭があって、池があって。

淀川　そう、池、ぼくが先に言おうと思ったのに、ずるいよ。蓮の池があって、蓮の花咲いてんの、で、キャメラがスーッと動くの。昔の髪型してるでしょ、あのお乳母さんの頭がね。

蓮實　侍女たちが船に乗ってて、その向こう側に渡り廊下があって、ああした空間に接すると、ああ、映画だって感動してしまいます。

淀川　よかった。そういうところはピッタリ合うね。二つの血が。

蓮實　あのシーンを観光映画だと言う人がいたんで、喧嘩しました。

淀川　とんでもない。観光映画じゃない。ベルトルッチにしか撮れんのよ。あの人も、よく映画知っとるからね。

蓮實　映画をよく知っているという点では、エリック・ロメール。

淀川　アジサイの花、咲いてたでしょう。あれよかったなあ。お母さんだか伯母さんだかが出て来て、洒落とったなあ。

蓮實　『海辺のポーリーヌ』ですね。

淀川　あのアジサイがとどめをさすね。

蓮實　『緑の光線』は。

淀川　ああ、それも、ちょうど病気で寝とって見てないの。だから、エリック・ロメールはずいぶん見のがしてるの。ごめんなさいね、あなたお好きなんでしょ。

りますす。

蓮實　『満月の夜』とか『友だちの恋人』とかずいぶん出ました。もうかなりの年齢の人ですが、ヴァカンス気分が横溢していて、『クレールの膝』と『モード家の一夜』などは傑作です。ゴダールやトリュフォーの兄貴分で、シャブロルと一緒に「ヒッチコック論」書くかと思うと、ムルナウの『ファウスト』を論じた博士論文まであります。

淀川　そうなの、やっぱり映画よく知っとるのね。あのアジサイの花、忘れられんものなあ。いかにもフランス的だなあ。

それから、もう一人挙げていい？　あなたに笑われるかもしれんが、ビクトル・エリセの『エル・スール』。

蓮實　『エル・スール』はいいです。大好きです。

淀川　ああ、よかった。ホッとするなあ（笑）。『ミツバチのささやき』もいいけど、これはオメロ・アントヌッティが出てるしね（笑）。そしてオメロが女優が好きなんだね。あのおとっつぁんがカフェで手紙を書いてる窓んところに娘が来るの。ああいうところが、しみじみと、ピュアに響いてきたし、娘が南へ憧れるところが、その憧れが柔らかく綺麗かったね。

蓮實　家の前に並木道が一本延びてて、庭にブランコがあって。

淀川　素直で柔らかくていいもんなあ。やっと気が合ってよかった。しかし、あなた

と話してるとヒヤヒヤするのよ。（笑）

蓮實　ビクトル・エリセは、その後、一本も撮っていません。それで、ぶ厚いニコラス・レイの本を書いたりしているんです。小津安二郎やジョン・フォードが好きだというあたり、とても気が合うんです。

淀川　この人もよく映画知っとるのに、ちっとも気取らんところが偉いなあ。

蓮實　しかし、こうしてお話ししていても、どうもアメリカ映画が出ませんね。

淀川　そうなんよ。さみしいね。フレッド・ジンネマンも『氷壁の女』しか撮ってない。ちょうど一九八〇年頃が変わり目で、中途半端になってしまったなあ、アメリカ映画が。

蓮實　『氷壁の女』、ちょっとよかったですね。ショーン・コネリーとランベール・ウィルソンの男優二人がとてもよかった。ぼくはこの映画、ダニエル・シュミットと一緒に見たんです。

淀川　ああ、あの『ラ・パロマ』の監督やね、あなたのお好きな。（笑）

蓮實　ええ、彼、ちょっと身体の調子を悪くしていて心配なんですが、『氷壁の女』は彼の生まれた地方でロケーションしたもので、俺の育った土地の風景を見せてやるって。

淀川　シドニー・ルメットも『デストラップ』はちょっとよかったけど、『ファミリー・ビジネス』は好きになれんもんなあ。ノーマン・ジュイソンの『月の輝く夜に』だってわりにいいけど、やっぱりウディ・アレンぐらいしか残っとらんなあ。シドニー・ルメットもこの頃、興行価値ねらっとるしなあ。

　けど、ウディ・アレンはあなたは駄目でしょ。

蓮實　『カメレオンマン』は好きです。

淀川　ほかは駄目だってことでしょ。分かっとるのよ（笑）。映画じゃなくて、哲学みたいな、生と死を見つめて人間考えるみたいなことになったあたりから、ちょっとねえ。説教じみてくると認めんのだから、この人は。『ハンナとその姉妹』はいいけど『インテリア』はいかん言うに決ってる（笑）。それ、分かるのよ。そこへ行くと『カメレオンマン』はもう徹底的に映画で遊んでるもん。あんだけ遊べば立派ですね。これだけのテクニック使って遊ぶ監督はおらんからね。『カイロの紫のバラ』は、もう以前にバスター・キートンがやっとるから、この人は憤るのよ。ハハハハハ。

蓮實　お見通しです。

淀川　『カメレオンマン』は好きだという人の気持は分かるの。

蓮實　アメリカでは、あとジョン・カサヴェテスがいましたが、残念ながら亡くなりました。しかしカサヴェテスみたいな人が、なかなか映画が撮れなかったんだから、アメリカは駄目ですね。

淀川　そう、カサヴェテスはいい。一番最初、『アメリカの影』でしょう。びっくりしたもんな。ちょっと半分記録的でしょう。アメリカの裏側みたいで、あれよかったな。白人に見える黒人の話、凄いの、見事だった。「これがニューヨーク」みたいな感じだった。あの嫁さん、ジーナ・ローランズ、何かギャングものに出たな、面白いものに。

蓮實　『グロリア』、いいですね。

淀川　あれも凄くよかった。あの夫婦は凄かったな。彼らはハンフリー・ボガートとローレン・バコールみたいで、もっとシャープだったね、好きだった。

蓮實　一周忌に向けて公開された『オープニング・ナイト』は、ちょっと前の映画ですが、これも傑作でした。

淀川　ごめんなさい。ぼく、見てないの。

蓮實　そうですか、これは素晴らしいです。劇場で見たんですが、周りに五、六人しか観客がいないんです。

淀川　まあ、可哀想に。

蓮實　しかも許せないのは隣の映画館《こや》の『カミーユ・クローデル』が超満員なんです。

淀川　つまんない映画！

蓮實　つまんない映画！

淀川　ちょっと握手しましょう（笑）。ここんとこ、写真撮っといてよ（笑）。けど、あんなつまんない映画はないね。

蓮實　イザベル・アジャーニが、馬鹿な演技しますでしょう。

淀川　あの女優がやりたくて頼んで作ったんでしょ。だからシャーリー・マクレーンと同じで、もう見てられないのよ。

蓮實　でもトリュフォーの『アデルの恋の物語』のイザベル・アジャーニはよかったですね。

淀川　あれはいいですよ、文豪ヴィクトル・ユーゴーの娘になるんでしょ。あれはよかった。彼女はトリュフォーに引きずられたみたいな感じでよかったな。ところが自分でやるとああなっちゃって、もうしまいまで見とれない。

蓮實　ところがそれが超満員なんです。

淀川　そうなの、ああいうもんが満員になるのよ。さみしいね。

蓮實　あと、アメリカにはまだロバート・アルトマンがいますが。

淀川　アルトマン、好きだよ、私。あの人はずいぶん前に『ナッシュビル』いうのがあった。ちょっとオムニバス風でね。あれ以来、この監督、大好きなの。

蓮實　でも、やっぱり彼も、アメリカではなかなか撮れなくて、日本でも当らないんですね。

淀川　高級過ぎるのよ。アルトマン、もう一つ変な兵隊の怖いのがあったでしょう。
蓮實　『M★A★S★H（マッシュ）』ですね。
淀川　ドナルド・サザーランドやエリオット・グールドが出ました。『マッシュ』と『ナッシュビル』いうたら、最高だもん。ちょっとアメリカ的でないもんね。
蓮實　やっぱり七〇年代の『ウェディング』が面白かったですね。
淀川　いいねえ、リリアン・ギッシュが出とるのよ。あれに出てる役者はみんな好きだよ、『ウェディング』いいですよ。よく思い出して下さって有難う、アルトマン大好きなの。けど、撮ってないね、最近。
蓮實　いや、少しは撮っています、『フール・フォー・ラブ』と『ニューヨーカーの青い鳥』というのをご覧になりませんでした？
淀川　見ませんでした。日本でやったの？
蓮實　一応、ミニ・シアターでやったんですが、あまり当りませんでした。
淀川　ぼくも馬鹿だな、アルトマン好きなのに見に行かなかった。しばらく病院で寝とったからね。でも、まだアメリカに残っとったね、いい監督が。
蓮實　まだ残ってますよ、アメリカに面白いのが。マーチン・スコセッシ……。
淀川　ああ、好きですよ。『タクシードライバー』。大好きですよ。『レイジング・ブル』もやっぱりいい。スコセッシ、出て来てよかったよ。

蓮實　『レイジング・ブル』もいいですが、それより『アフター・アワーズ』が好きです。ポール・ニューマンとトム・クルーズが出ている玉突きの話、『ハスラー2』もいいですね。

淀川　何か隙がなくて、綺麗に見せてくれるね。ぼく、『タクシードライバー』の時から好きだったよ。あれにスコセッシ、自分でちょっとワンカット出たんだよね。

蓮實　そうですね、黒澤明の今度の映画にも、出てるんだそうですね。

淀川　『夢』に出とる。この映画、見たんですが、スコセッシいいですよ。

蓮實　だからアメリカにもまだ面白いのがいるんです。しかし、誰もお金を出さない。『ハスラー2』も、まったくお金のために撮ったらしいんです。彼は、十年来の夢で、ウィレム・デフォーがキリストをやる『最後の誘惑』のために全部私財をつぎ込んだらしいんです。それでもあまり当らないんです。

淀川　つまり、恵まれんのね。アメリカはいま変な人ばっかりいばってるのね。ことにオリヴァー・ストーンいう馬鹿がのさばってるからね（笑）、あんな人にみんな投票してアカデミー賞になった。もうアメリカと当分絶縁しようと思ってんの。（笑）

蓮實　ハリウッドにもアラン・ルドルフとかジョナサン・デミーとかロブ・ライナーとか、ちょっと面白い人は何人か出てきているのですが、いまのアメリカではクリント・イーストウッドが好きです。

淀川　ああ、そうお、面白いね。あなたがクリント・イーストウッドとはね。へーえ。自分と全然違うから好きになるのよ。そんなにいい？

蓮實　『センチメンタル・アドベンチャー』は、いいですよ。子供と二人でカントリー・ソングを歌って旅をする男の話です。東京でも、ほとんど公開されなかったぐらいに当らなかった。

淀川　この人でしょう、何か死んだ墓見にいって、それから始まるウェスタンがあったのは。

蓮實　はい、『荒野のストレンジャー』、とても妙な感覚でした。

淀川　そうだったな。その前は、ラジオのディスクジョッキーで、気違いみたいな怖い女が出て来る、そういえばあれよかったよ、『恐怖のメロディ』は。あれは見事だった。いい材料だった。そう、ファンの怖さね、女性が押し掛けて、どうにも逃げられないの。あの二つはよかったのに、変な奥さんが来てからだんだん悪くなった。変な奥さん出たでしょう、イケズみたいな顔をした。（笑）

蓮實　ソンドラ・ロックですね。

淀川　あれが出てから、イーストウッドはだんだんだんだん、変になってきた。

蓮實　でも『ガントレット』は面白かったです。そのイケズの奥さんと一緒に逃げまわる話です。

淀川　そうだったかいな。そうイケズの奥さん、あれ別れたんでしょう、最近。敵わんな、ああいう人。（笑）

イーストウッド、いっぺんイタリーのオムニバスで、普通の男で出たこともあるの。

蓮實　ヴィスコンティやデ・シーカが撮った『華やかな魔女たち』。

淀川　あれ、なかなかいいの、ヘンリー・フォンダよりいいの。この人がこんなか、思ったことあるよ。ちょっと合うね、この人と（笑）。あなたがいま、クリント・イーストウッド言った時、ゲーム仕掛けたな考えたけど、やっぱりいいね、あなたは合う人だ。けど、この頃撮らないね。

蓮實　『バード』はご覧になりませんでした？

淀川　『バード』見なかった。

蓮實　カンヌに招ばれた『バード』は、妙にかまえちゃってちょっとよくないですが、その前の『ペイルライダー』が不思議な西部劇で、ぼくは好きです。今年もイーストウッドの新作がカンヌのコンペティションにはいっていますが、映画祭など気にせず好きな映画をどんどん撮ってほしいですね。

淀川　ずいぶん今日は面白いね、暴露やね、お互いの裸の姿（笑）。イーストウッドで蓮實さんの裸の姿、初めてだ、こんなに暴露したの（笑）。それでもいい暴露だね。けど、そのあとでまた何かけなすんだから安心できない。でも、あなたの八〇年代のベスト1がクリント・イーストウッドだなんて許せませんよ。ベスト1、本当は何なの？

蓮實　ゴダールの『リヤ王』とかストローブの『エンペドクレスの死』とかと言いたいところですが、日本に来たものでは、ロベール・ブレッソンの『ラルジャン』。残念ながらアメリカ映画じゃないんですが。

淀川　ブレッソンは偉いよ。『スリ』、よかったもんなあ。これは本物やね。それなら早くブレッソン言えばいいのに、クリント・イーストウッド言ったりするから困るのよ（笑）。初めからブレッソン言わない気持は分かるよ。照れとるんね。

じゃあ、あれはどうなの。リンゼイ・アンダーソンの『八月の鯨』。駄目？　駄目だろう思うた。（笑）

蓮實　ぼく、あれ見て椅子をけたてて怒りました。リリアン・ギッシュやベティ・デイヴィスに甘えるなって。

淀川　そういう人だからねえ（笑）。今度生まれ変わって、三回生まれ変わっても仲よくならない、この人とは。（笑）

蓮實　だって、あの演出はですね……。

淀川　あれは出来てるのよ、最後に握手するでしょ、ああいうところ出て来たら駄目、この人は。もうあんまりきちっと算数になってたらね、それ分かるの。目の見えない方が、「窓作りましょう」言うたことが気に入らないのね。ああいうふうにキチンと算数になってるもの、それをあんなに上手に作ってるのがこの人、気に入らないの。海辺で二人で、おまけに片方の目が見えなくて、窓なんて作りたくないのが、最後に妹のために作ってやる、ああなったら駄目なんだね。もう非常にひねくれてんのよ、絶対ひねくれてるね。(笑)

きっちりし過ぎてるもの、ちっとも意外性がないもの、話がちゃんとなってるもの、それが気に入らないのね。だからしょうがない、助からないね、この人は(笑)。純情さがこれだけなかったらね。『八月の鯨』、嫌いなの、この人だけだよ。スノッブで、綺麗な綺麗事で、ちょっとでも俗っぽかったらもう切り捨てるね。

蓮實　いや、ぼくは俗っぽいのは好きなんです。ただし、中途半端なのはいやなんです。

淀川　『八月の鯨』、殺すんだもんね(笑)。それであの台湾の『恋恋風塵』はいい言うんだから、映画から絹糸のいい映画の線だけ取ってやね、本当だよ、みんな見捨てるようなものでも好き言うんよ。『恋恋風塵』の電車はいい言うんだからねえ。けど、よく分かりました、もうほんとにこの精神は非常によく分かって、ますます尊敬いたしました(笑)。いまこんな批評家はいないよ。

蓮實　淀川さんに甘えて、勝手なことばかり申しあげましたが、ちょっと芸術づいたヨーロッパ映画ばかりが評価されて、アメリカ映画が低調なのが残念なんです。『八月の鯨』も、本当はアメリカ人に撮ってほしかったんです。

淀川　リンゼイ・アンダーソンもイギリス人だしなあ。

蓮實　アメリカがあまり駄目なんでヴェンダースが『アメリカの友人』を撮らなければならない。

淀川　『アメリカの友人』、好きやったよ。あのエスカレーターのシーン、よかったもんなあ。それからあの地下鉄も。ああいうところ、あの感覚、嬉しくなるなあ。『パリ・テキサス』は、自分もこういうことできるいうのを自分で愉しんでるところが出過ぎたね、前衛的に。ところが『アメリカの友人』はちゃんと撮っとるのよ。ちょっとヒッチコックなの。エスカレーターで撃って、駅を歩くでしょう。すると、レインコートに穴あいててピストル出てるのにハッと気がつく。ああいう感覚凄いなあ思う。
　あれは久し振りに映画見た気がしたもんなあ。出来過ぎてるから怒るかと思ったら、あなたもああいうものは好きなのね。

蓮實　『アメリカの友人』は破綻を恐れずに思いきりやってますもの。

淀川　ハハハ。必ずそういう言い方をするのね。けど、そうなんだよ。ちょっと大向うねらったら駄目。みんなに認められないのに一所懸命やってるの見たら、もう可愛くて可愛くてしょうがないんやね。でも、よかった。最後にまた気が合って。さあ、